D1297611

Le Marché commun

JEAN-FRANÇOIS DENIAU

Ancien Ministre
Ancien membre de la Commission européenne

GÉRARD DRUESNE

Président de l'Université de Nancy II

Quatorzième édition mise à jour

164e mille

HAMLINE UNIVERSITY
BUSH MEMORIAL LIBRARY

HC
241.2
.D4
1989

ISBN 2 13 042322 1

Dépôt légal — 1re édition : 1958
14e édition mise à jour : 1989, mars

© Presses Universitaires de France, 1958
108, boulevard Saint-Germain, 75006 Paris

HARVARD UNIVERSITY
KRESS LIBRARY

INTRODUCTION

DE LA POLITIQUE A L'ÉCONOMIE

Le Traité de Marché Commun entre la France, l'Allemagne, l'Italie, les Pays-Bas, la Belgique et le Luxembourg, signé à Rome le 25 mars 1957, se situe au confluent de deux mouvements qui ont marqué l'Europe et le monde depuis la fin de la guerre : une prise de conscience politique et un impératif économique.

Avant même la fin des hostilités, il était apparu à certains que les divisions politiques de l'Europe, bien loin de traduire sa vitalité et de préserver les chances propres de chacune des personnalités nationales qui la composent, était un facteur d'affaiblissement et de déclin. Ainsi, c'est à Londres, avant la libération de la Belgique, de la Hollande et du Luxembourg, que devait naître un rapprochement psychologique dont la première manifestation fut le Benelux.

La paix revenue, il apparut encore plus nettement que deux puissances conduisaient les destins du monde, les Etats-Unis et l'U.R.S.S., et que dans ce dialogue chaque pays d'Europe isolé n'avait de chance de faire entendre sa voix qu'en la joignant à celle d'un des grands.

L'Europe se cherchait. Elle se cherchait d'autant plus qu'elle n'était plus elle-même. Géographiquement, elle était amputée de sa moitié orientale, sous domination soviétique. Sa partie occidentale, couverte des ruines de la guerre, voyait en même temps contester à Bandoeng sa vocation traditionnelle outre-mer. Les événements de Hongrie et ceux de Suez furent deux signes éclatants de ce double recul, matériel et moral.

Peu à peu, l'idée vague gagnait donc qu'être Français, être Allemand, être Italien, ne suffisait plus ; alors qu'être Américain ou Russe ne satisfaisait pas davantage. Cette recherche de l'Europe, soutenue d'ailleurs avec ténacité à l'époque par les Etats-Unis (pour des motifs politiques mais aussi économiques : meilleure utilisation de l'aide Marshall) devait se traduire par l'apparition d'une multitude d'initiatives et d'organismes ; initiatives privées, syndicales, gouvernementales, parlementaires ; organismes de toutes tendances politiques, professionnelles, confessionnelles, et ceci en tous pays.

La liste abrégée de ces manifestations de l'idée européenne d'après guerre, soit renouveau d'efforts déjà anciens, comme ceux du comte Coudenhove-Kalergi, soit tentatives originales, est impressionnante : United Europe Movement ; Conseil français pour l'Europe Unie ; Ligue européenne de Coopération économique ; Nouvelles équipes internationales, d'inspiration chrétienne ; Mouvement socialiste pour les Etats-Unis d'Europe ; l'Union européenne des Fédéralistes ; le Conseil des Communes d'Europe ; l'Union parlementaire européenne ; le Mouvement européen ; le Comité d'Action pour la Communauté supranationale européenne ; le Comité de Vigilance pour l'Europe, etc. Les noms de certaines personnalités, animateurs ou coordinateurs, reviennent souvent, quelles que soient leur appartenance ou leur nationalité : Guy Mollet, Bech, Adenauer, de Gasperi, Beyen, Schuman, Spaak, Jean Monnet. En outre, de multiples initiatives se manifestent sur le plan syndical, professionnel ou culturel, tendant à des études, des contacts, des rapprochements sous le vocable européen.

Dès 1946, dans un discours retentissant à Zürich, M. Winston Churchill a lancé l'idée « d'une sorte d'Etats-Unis d'Europe », sans inclure toutefois la Grande-Bretagne dans cette construction et en soulignant que celle-ci devrait se fonder essentiellement sur une association entre la France et l'Allemagne.

S'il semble qu'il y ait unanimité sur le vocable, toutes les oppositions ou les incertitudes subsistent sur la nature, le domaine, la portée de l'Europe que l'on veut faire. Entre libéraux et dirigistes ; entre ceux qui font confiance aux voies parlementaires et ceux qui préfèrent le recours direct aux opinions publiques ; entre partisans d'un simple rapprochement diplomatique sans abandon de souveraineté, soutenus par les Anglais, et artisans d'un mouvement qui irait sous une forme quelconque vers une fusion, vers un Fédéralisme, rien n'est tranché, rien n'est acquis. Le Conseil de l'Europe, fondé en 1949, auquel participent 21 pays européens et qui regroupe toutes les tendances dans son Assemblée consultative de Strasbourg, n'a souvent pu que constater ces dissensions.

Après l'échec du statut de communauté politique en 1953, certains animateurs du mouvement européen se détournent délibérément d'une construction idéale de l'Europe à quinze ou dix-sept, trop complexe et trop vaste pour que la somme des divergences ou réticences nationales ne l'emporte pas chaque fois sur celle des éléments positifs communs.

Ils orientent leurs efforts vers des domaines plus techniques et dans un cadre plus étroit, celui de six pays continentaux voisins géographiquement, parents psychologiquement, proches économiquement, pareillement décidés à rechercher les solutions les plus constructives. C'est la « petite Europe » comme on a dit parfois avec ironie, mais en oubliant qu'il s'agit du cœur du continent et des deux tiers de sa population occidentale. L'Europe se limite, certes, mais se précise pour mieux s'affirmer. Déjà en 1950, la déclaration de Robert Schuman proposant le « pool » Charbon-Acier avait marqué une date historique entre ces six pays en ouvrant la voie à une nouvelle construction européenne fondée notamment sur le rapprochement franco-allemand. L'échec de la C.E.D. peut freiner un moment cette tendance ; en fin de compte, il ne fait que la confirmer dans ses objectifs économiques, psychologiquement moins délicats et d'une utilité incontestable.

Il ne faut pas oublier toutefois que l'aspect initial, comme le but final, reste politique, même si la construction de l'Europe se trouve ainsi engagée sur le terrain, et en quelque sorte par le biais commercial et économique.

Dès la fin des hostilités et par la Charte de La Havane, les Etats alliés avaient posé un certain nombre de principes valables pour les relations économiques internationales. Ces principes pouvaient se rattacher à deux notions : nécessité d'une coopération, objectif d'une libération.

Le mouvement de protection des économies nationales, vieux de plus d'un demi-siècle et renforcé encore par l'entre-deux-guerres, avait laissé l'économie mondiale dans un état de confusion et de déséquilibre assez menaçant. En dehors de quelques petits pays, soit hautement compétitifs pour certains produits, soit spécialisés dans un rôle de courtier ou de transformateur de produits des autres, le commerce international se trouvait aux prises avec un cloisonnement extrême des économies, matérialisé par de multiples entraves aux échanges, droits de douane et surtout restrictions quantitatives aux importations. Les difficultés de balance des paiements, les nécessités de redressement économique, les unes et les autres inhérentes à tout après-guerre, ne pouvaient que renforcer ces entraves. Un mouvement puissant, lui aussi soutenu par les Etats-Unis, se développa pour faciliter les échanges commerciaux et mettre en contact les économies, conformément aux théories qui font confiance au vaste marché et à la concurrence internationale pour assurer le meilleur emploi des hommes et des biens.

C'est aussi en Europe que ce mouvement devait trouver, dans le protectionnisme et les déséquilibres économiques et financiers, ses plus évidentes justifications.

Le Benelux, union économique et douanière entre la Belgique, les Pays-Bas et le Luxembourg, entrait en vigueur en 1948. Mais c'est la déclaration du général Marshall, à Harvard, le 5 juin 1947, qui devait avoir les conséquences les plus étendues, en conduisant notamment à la création de l'Organisation Européenne de Coopération Economique. Dans le cadre de l'O.E.C.E., qui groupe tous les pays de l'Europe occidentale, de très importants progrès ont été accomplis dans la voie de la libération des échanges, et plus généralement dans la solution des problèmes de commerce extérieur proprement dit. Toutefois, l'échec en 1955 d'un projet qui aurait étendu les efforts aux tarifs douaniers eux-mêmes montra là aussi les limites d'une coopération intergouvernementale traditionnelle.

La fusion réelle des marchés par l'intégration économique sembla un moyen plus contraignant, mais plus sûr, de développer les échanges et les niveaux de vie. Il s'y ajoutait l'idée d'une mise en commun des ressources, d'une coordination des efforts. Ces idées, très délicates à mettre en œuvre sur un plan général, furent d'abord essayées secteur par secteur. La première application en fut le traité créant la Communauté Européenne du Charbon et de l'Acier (C.E.C.A.), Traité réunissant une première fois les six pays du Marché Commun. D'autres projets suivirent.

Mais il apparut que l'intégration par secteur, elle aussi, ne pouvait donner que des résultats limités. Son champ d'application étroit, sans lien avec les autres branches de l'économie et des finances, interdisait toute action d'envergure, empêchait tout équilibre d'ensemble. La disparition du protectionnisme en Europe et du morcellement économique, facteurs de coûts élevés, de vie chère et de stagnation, exigeait une autre approche, globale, et en quelque sorte à trois dimensions : aussi valable en profondeur que l'intégration, aussi vaste en domaine que la libération des échanges. Ce fut le plan Beyen, puis le rapport Spaak, premier pas vers le Marché Commun.

Il importe de situer ce terme qui, malgré son aspect modeste, voire quelque peu mercantile, est devenu un nom propre.

Il existe, en principe, deux formes concertées d'élargissement des marchés : la zone de libre-échange, où chacun conserve vers les pays non membres son tarif douanier propre, et l'union douanière, où, à la supression de toute restriction aux échanges entre Etats membres, s'ajoute l'institution d'un seul tarif douanier autour de ces Etats. Le Traité de Rome va beaucoup plus loin. Il s'agit d'une union douanière pour laquelle on s'est préoccupé non seulement des barrières entre Etats mais aussi des politiques futures de la Communauté que ces Etats entendent constituer ; et rien ne serait plus faux que de croire, à cause de ce nom de « Marché Commun », qu'il s'agit seulement d'un traité de commerce.

Le Traité de Rome se trouve donc au confluent des deux mouvements intervenus en Europe depuis la fin de la guerre, politique et économique : vers le rapprochement des pays, vers l'élargissement des marchés.

L'ensemble de ses modalités n'est pas né du seul hasard des négociations. Il correspond à ce double mouvement ; comme il traduit aussi le succès d'une théorie et la leçon d'une expérience.

PREMIÈRE PARTIE

DE LA THÉORIE DES GRANDS MARCHÉS AU TRAITÉ DE MARCHÉ COMMUN

CHAPITRE PREMIER

THÉORIE DES GRANDS MARCHÉS

La notion de marché est une acquisition relativement récente ; ou plutôt, c'est une notion qui connaît actuellement un renouveau après s'être transformée.

Un marché, c'est d'abord un lieu de vente, et le rôle de quelques lieux de vente privilégiés a été prédominant lors de l'essor urbain et commerçant du Moyen Âge. Mais peu à peu, à une économie de négociants, s'est substituée une économie de producteurs. Avec le XXᵉ siècle, en revanche, les préoccupations économiques s'orientent moins vers la production proprement dite que vers la commercialisation des produits. On produit moins en fonction de ses possibilités propres qu'en fonction d'un débouché donné. Il y a une réaction de l'objectif recherché sur les moyens à mettre en œuvre : l'existence d'un certain pouvoir d'achat, orienté et réparti dans certaines conditions, est un élément déterminant en fonction duquel s'établissent les plans, se décident les investissements et s'organise l'économie. Le marché commande les options individuelles et aussi dans une large mesure les fluctuations cycliques.

Simultanément, la question d'une certaine égalité dans les

conditions d'accès au consommateur prend une valeur essentielle.

Au cours du XIXᵉ siècle, le système libéral d'échanges internationaux avait pu masquer l'importance de cet élément. La théorie s'attachait surtout aux avantages de la division internationale du travail pour le développement des échanges et des niveaux de vie. La notion de marché ne s'imposait pas sous son aspect actuel, la liberté généralisée des transactions suffisant à donner au monde économique son unité ; unité qui comportait d'ailleurs non seulement la libre circulation des produits, mais aussi celle des capitaux et des investissements, des migrations de la main-d'œuvre et enfin, en ce qui concerne les règlements, la convertibilité des monnaies. Mais les mécanismes libéraux du commerce mondial se sont trouvés contestés en fait et en principe dans la mesure où l'emportent les problèmes de déséquilibre des balances de paiements et ceux de la croissance économique des pays sous-développés. Les différentes facilités accessoires à la libre circulation des marchandises, mouvements de capitaux, mouvements de travailleurs, facilités de change, sont elles-mêmes l'objet de multiples restrictions. La notion d'une aire géographique déterminée où règne une certaine unité dans les conditions des échanges au sens le plus large, reprend alors toute son importance ; et c'est à l'intérieur des frontières d'un pays donné qu'elle trouve sa première application, dans la mesure où les limitations commerciales sont venues s'appuyer aux limites politiques en les renforçant.

L'attention a été reportée sur le cadre que tracent les frontières économiques au moment même où se développait dans les cadres nationaux les plus vastes, comme celui des Etats-Unis, une économie délibérément orientée vers le consommateur. La question de la dimension du marché ne pouvait plus être ignorée par la théorie. Elle doit être désormais considérée comme un des éléments de la structure des entreprises et des chances d'une économie.

1. Les avantages techniques du grand marché. — Le fractionnement des marchés, en unités trop petites, qu'il soit la conséquence d'un état de fait politique ou d'une volonté protectionniste, revient en pratique à annuler ou à freiner les bénéfices que l'on est en droit d'attendre des développements du progrès technique. Ainsi on peut, soit parler des inconvénients d'un marché étroit, soit des avantages d'un vaste marché. Les inconvénients d'un marché étroit tiennent au fait que les possibilités modernes de production et de diffusion ne peuvent être pleinement utilisées. Un marché plus large, au contraire, paraît seul donner toutes ses chances à la recherche, à la productivité, à l'abaissement des prix de production et au développement de la consommation.

Les avantages techniques d'un grand marché se traduisent en premier lieu dans l'organisation du travail et la structure des entreprises. Le grand marché permet la production de grande série, la fabrication de marchandises d'un type déterminé, selon un flux constant, en très grand nombre. Ainsi peut être assuré le plein emploi des machines et des équipements alors que dans des économies cloisonnées comme certaines économies européennes, on assiste à un véritable chômage des machines, chômage qui peut être de 18 heures sur 24, pour l'industrie textile notamment. D'autre part, la production de grande série permet aux entreprises de réduire les nombreux frais qui n'augmentent pas proportionnellement à la production. Il en est ainsi des frais de transaction et de commercialisation, d'immobilisation des stocks, de recherches et de bureaux d'études. Il en est de même des frais financiers, les grandes entreprises obtenant en outre généralement des conditions de crédit plus avantageuses.

Ces avantages internes aux entreprises se doublent des avantages propres aux facilités de spécialisation qu'offre seul un vaste marché. Le grand nombre de consommateurs à la disposition d'une entreprise permet d'ailleurs de bénéficier des avantages de la spécialisation sans entraîner nécessairement un accroissement des dimensions de l'entreprise elle-même. La spécialisation des travailleurs et des cadres, des matériels et des outillages, des circuits de commercialisation, contribue non plus seulement au plein emploi des machines et des hommes comme le faisait la production de grande série, mais encore à leur meilleur emploi dans le sens de l'efficacité et de la baisse des prix de revient. Plus particulièrement, un vaste débouché à la disposition constante d'une entreprise spécialisée est la condition de tout effort sérieux dans la formation professionnelle et la recherche, bureaux d'études ou laboratoires, dont l'importance est si considérable dans l'économie moderne, alors qu'une production faible ou sporadique ne peut pas supporter les charges en temps comme en argent qu'exigent leur lancement et leur amortissement.

2. Les avantages économiques du grand marché. — Mais si la production de grande série et les possibilités de spécialisation tendent à abaisser les prix de revient, la réduction du prix de revient n'entraîne celle des prix de vente que si le producteur n'est pas protégé. Seule la concurrence permet au consommateur d'obtenir tous les avantages qu'offre au producteur l'existence d'un grand marché. Or un marché

de ce type accroît aussi les possibilités de concurrence. Les rentes de rareté ont moins de chance de s'instituer, les occasions de compétition sont plus nombreuses, il est moins facile à un producteur d'éliminer ses concurrents ou de s'entendre avec eux tous, et de s'assurer le contrôle du débouché dans sa totalité. Seul un marché large permet le plein développement des grandes entreprises dans un cadre de libre concurrence. Dans la mesure où il se traduit par un renouveau et une extension de la concurrence, le grand marché est donc aussi un facteur de progrès économique et d'élévation des niveaux de vie.

Un grand marché ne permet pas seulement à l'intérieur des entreprises l'adoption des structures de production les plus modernes et les plus économiques, il se traduit sur le plan des équilibres régionaux par une meilleure répartition des tâches. Dans la mesure où sont assurées non seulement la libre circulation des produits mais aussi celle des matières premières, des hommes et des capitaux, on tend vers une répartition de l'activité économique la plus conforme aux nécessités de la productivité. Les emprunts sont plus faciles à placer. Les débouchés sont plus stables et offrent une garantie indispensable à l'expansion agricole notamment. Des entreprises qui seraient interdites ou très coûteuses pour des marchés étroits deviennent possibles ou rentables. Cette mise en commun des débouchés appuyée sur une mise en commun des ressources, est un élément déterminant de l'accélération de la croissance économique.

Plein emploi des machines, production de série, spécialisation, utilisation des techniques les plus modernes, renouveau de la concurrence, tous ces facteurs tendent à abaisser les prix de revient et de vente. Il s'y ajoute éventuellement cette baisse nette d'un élément du prix que constitue la suppression des droits de douane. La conséquence doit en être une augmentation, pour un prix donné, des possibilités de consommation et des niveaux de vie réels. Ainsi l'accroissement du nombre des consommateurs pour une unité de production doit permettre une hausse des consommations elles-mêmes et partant, un développement accéléré des investissements.

L'économie se trouve alors engagée dans un processus cumulatif de croissance. La consommation élargie tend à accroître les investissements, les investissements accrus facilitent la baisse des prix, tout en augmentant les revenus distribués. Une augmentation globale des pouvoirs d'achat en résulte. Dans les économies morcelées d'après guerre, cette expansion économique a déjà été systématiquement recherchée. Mais il apparaît que, d'une part, dans un marché étroit, aux possibilités de production limitées, elle comporte des risques permanents de déséquilibre monétaire ; et que, d'autre part, seul l'élargissement sensible du marché permet de lui donner une accélération et une impulsion nouvelles.

Chapitre II

HISTOIRE DES GRANDS MARCHÉS

L'histoire des grands marchés est-elle une vérification de ces avantages que leur attribue la théorie ? En partie seulement : d'une part, parce que l'établissement des grands marchés a toujours été fortement marqué de considérations et d'objectifs politiques, de telle sorte qu'il est assez difficile d'isoler leur aspect proprement économique. D'autre part, parce que les expériences réalisées ont provoqué des difficultés d'application indéniables dont ne tenait pas compte la théorie, difficultés qui ont pu faire échouer les tentatives au stade de la constitution elle-même du marché.

Une première forme historique de l'élargissement du marché a été l'unification des conditions et des possibilités d'échanges à l'intérieur d'un cadre politique déjà constitué. En France, en Grande-Bretagne, le même mouvement de libération des échanges internes et d'unification économique s'est poursuivi au XVIIIᵉ siècle. En Suisse, l'unification économique par la suppression des péages cantonaux intervint naturellement, bien qu'assez tardivement, au cours de la deuxième moitié du XIXᵉ siècle. De même dans les pays neufs, Australie, Canada ou Afrique du Sud, l'unification économique interne et l'union douanière ont paru les conséquences normales de l'unité politique et se sont effectuées sans difficulté.

En revanche, dans les pays dont l'unité politique était fragile ou contestée, l'unification économique a été, elle aussi, fragile, sinon un échec total. L'Empire d'Autriche-Hongrie, outre des dissensions politiques et ethniques, a connu une opposition constante entre la Hongrie, agricole et libérale, et l'Autriche, industrielle et protectionniste, et jamais le marché qu'elles constituaient ensemble n'a pu trouver un équilibre satisfaisant. La Suède et la Norvège, pendant près d'un siècle de 1815 à 1897, furent en union politique. Leur séparation en deux Etats indépendants entraîna automatiquement leur séparation économique elle-même. Il semble donc que, même à l'intérieur d'un cadre politique existant, l'unification du marché intérieur ne peut se faire avec succès que s'il existe une volonté commune très ferme qui en assure l'exécution.

C'est cette volonté politique que l'on retrouve de nouveau dans les cas des élargissements de marché accompagnant une fédération ou une confédération d'Etats. Il ne s'agit plus cette fois de mesures d'ordre interne mais d'une négociation tendant à faire progresser parallèlement un rapprochement politique et un rapprochement économique. L'histoire montre que, dans de tels cas, ces deux rapprochements sont intimement liés, chacun étant en quelque sorte la condition de l'autre. Le rapprochement politique, seul, apparaît très vite impraticable sans son prolongement économique ; le rapprochement économique n'arrive à s'organiser que si les Etats ou l'un deux en font un des moyens nécessaires de leurs vues politiques.

1. **Les Etats-Unis d'Amérique.** — L'exemple des Etats-Unis montre comment l'unification, qui n'était d'abord envisagée que sur un plan strictement politique, a dû très rapidement se renforcer dans le domaine des échanges commerciaux. La Déclaration d'Indépendance du 4 juillet 1776 comme la Constitution ratifiée par les 13 Etats en 1781 ne comportent aucune disposition autorisant le gouvernement fédéral à réglementer le commerce entre les Etats. Cette absence d'unité économique engendra rapidement de graves complications dans les échanges et l'irritation de plusieurs Etats moins bien placés dont l'activité économique se détournait. La Constitution de 1787 décida donc d'abolir la possibilité pour chaque Etat de conserver sa législation douanière et sa monnaie. L'article 8 précise que, seul, le Congrès aura le pouvoir de réglementer le commerce avec les nations étrangères. L'article 9, qu'aucune préférence ne serait accordée par un règlement commercial ou fiscal aux ports d'un Etat sur ceux d'un autre.

2. Le Zollverein. — La constitution en Allemagne du Zollverein, au cours du XIXᵉ siècle, offre un exemple différent d'un rapprochement politique lié à un rapprochement économique. Ici, la volonté politique, celle de la Prusse, est déterminante. Mais l'unification du marché, au lieu de n'être qu'une conséquence, est le moyen direct qui a été choisi pour atteindre le but politique. Au début du siècle, l'Allemagne se composait d'une quarantaine d'Etats extrêmement morcelés entre lesquels existaient une multitude de barrières douanières de niveaux différents. Dans ces conditions les industries, nées à l'occasion du blocus continental, ne réussirent pas à survivre à la concurrence anglaise. Les Etats les plus évolués et les plus importants sentent la nécessité d'un renforcement de leur puissance économique par un élargissement de leur débouché national. La première suggestion vint de la Bavière en 1819, mais ce fut la Prusse qui devait, avec une constance remarquable, au cours de plus d'un demi-siècle, mener à bien l'union douanière. Elle réalisa d'abord la libre circulation des marchandises à l'intérieur de ses propres provinces, et à son exemple, trois unions douanières locales se constituèrent à l'intérieur de l'Allemagne. Ce fut ensuite le jeu de la politique de la Prusse de dissocier les unions douanières locales et de les rattacher progressivement à une union douanière générale, le Zollverein.

De 1834 à 1867, le Zollverein fonctionna avec liberté du commerce extérieur et tarif extérieur commun vers l'étranger sous le contrôle d'un Congrès douanier où chaque Etat possédait une voix et où les décisions devaient être prises à l'unanimité. La règle de l'unanimité paralysant en fait le développement du Zollverein, un nouveau traité en 1867 y substitua le double contrôle d'un exécutif fédéral composé de délégués des gouvernements et d'un législatif douanier composé de représentants élus au suffrage universel direct, les décisions étant prises à la majorité. Enfin, en 1871, ces organismes se transforment en institutions permanentes de l'Empire allemand lui-même.

On retiendra notamment de cette expérience que tant que le mécanisme du Zollverein fut une sorte de négociation permanente entre Etats indépendants disposant de la garantie de la règle de l'unanimité, les arbitrages sur les questions commerciales et économiques, même au niveau politique le plus élevé, furent très malaisés et pratiquement inefficaces ; et la crise de 1867 montra à quel point, dans une union douanière en formation, le rôle des institutions était déterminant.

3. L'Unification italienne. — Le succès incontestable, du seul point de vue économique, de l'unification du marché allemand, ne peut pas faire oublier les difficultés et les risques d'une telle opération, même quand elle n'est que la conséquence d'une volonté d'unification politique puissante. L'exemple de l'unification des Etats italiens qui s'est poursuivie à peu près à la même époque au milieu du XIX⁰ siècle, de 1859 à 1870, montre que l'élargissement du marché peut comporter des risques graves pour certaines régions dans la mesure où les oppositions entre les régions ne sont pas seulement des divergences dans la nature des activités et dans les conceptions de politique économique, mais de réelles et profondes différences dans le niveau du développement économique lui-même.

Les Etats du sud de l'Italie avaient un équilibre économique fondé presque en totalité sur l'agriculture et sur quelques industries d'un type assez artisanal. Au contraire, les Etats du Nord, s'ils avaient eux aussi une agriculture importante mais plus riche, possédaient des industries en plein développement ; les communications étaient plus faciles, les capitaux plus abondants. Contrairement aux théories strictement libérales, l'élargissement du marché par la fusion du Nord et du Sud n'apporta pas aux Etats du Sud leur pleine chance de progrès économique. Les mécanismes qui faisaient confiance aux bas niveaux de salaires dans le Sud pour y attirer les capitaux et les investissements ne jouèrent pas. Au lieu des processus classiques de rééquilibre attendus, ce fut à une concentration de l'activité dans les régions déjà plus prospères que l'on assista. Les faibles industries du Sud disparurent pratiquement ; celles du Nord, en revanche, profitèrent nettement du marché élargi. Au lieu d'être un attrait pour les investissements locaux, la main-d'œuvre pléthorique du Sud allait chercher du travail dans le Nord. De même les capitaux locaux renoncèrent à s'investir sur place et vinrent s'adjoindre aux capitaux du Nord pour profiter du progrès industriel et d'un amortissement plus rapide, concourant par là même à accroître l'écart entre les deux régions.

4. Le Benelux. — La décision de principe instituant, entre la Belgique, les Pays-Bas et le Luxembourg, l'union douanière dite Benelux fut prise dès octobre 1943 ; mais il fut convenu que l'union douanière n'entrerait en vigueur que lorsqu'une certaine coordination des politiques des trois pays aurait déjà pu être instituée et avoir fait sentir ses effets dans le triple domaine monétaire, économique et social. Cette prudence et cet empirisme peuvent s'expliquer par les divergences qui existaient au départ entre les économies ; elles peuvent aussi être considérées comme un des éléments du succès de l'opération. Le niveau moyen des salaires était en Belgique supérieur de 60 % à celui des salaires hollandais. Si l'industrie belge paraissait plus puissante que l'industrie hollandaise, l'agriculture belge était moins évoluée et moins orientée vers l'exportation. En outre les orientations de la politique économique étaient très différentes dans la mesure où, à la suite de la guerre, les Pays-Bas se sont imposé une attitude d'austérité et un rigoureux blocage des prix.

Après plusieurs années d'expérience, il apparaît que ces disparités n'ont empêché ni un développement considérable des échanges entre les deux pays, ni une participation des deux pays au développement de l'activité. Ces résultats ont pu être obtenus sans contrecoup grave et les mécanismes de sauvegarde n'ont dû jouer d'une façon générale qu'en 1952, lorsqu'à la suite de la guerre de Corée les prix montèrent beaucoup plus rapidement en Belgique qu'en Hollande. Au contraire, il apparaît que de très nombreux accords de spécialisation entre industries ont permis à chaque pays de développer son activité. En même temps, un rapprochement s'est effectué entre le niveau des salaires comme entre les orientations économiques. Contrairement à ce qu'on aurait pu penser, il n'y a pas eu tendance à la spécialisation d'un pays vers l'agriculture et de l'autre vers l'industrie : l'industrie hollandaise par exemple s'est diversifiée et s'est considérablement renforcée. Il apparaît en définitive, que les deux pays, quoique peut-être avec des proportions différentes, ont profité de l'accord. Toutefois, en ce qui concerne l'agriculture et plus généralement l'intégration économique, les progrès n'ont pas été aussi nets qu'on pouvait l'espérer.

5. L'O.E.C.E. — C'est dans le sens commercial, mais en réaction délibérée contre le bilatéralisme qui avait marqué les échanges en Europe dans les années troublées de l'avant-guerre et de l'immédiat après-guerre, que s'est manifestée l'action de l'Organisation Européenne de Coopération Economique. Faisant suite au discours d'Harvard du 5 juin 1947 par lequel le général Marshall avait précisé que l'aide américaine à l'Europe, pour être efficace, devrait s'accompagner d'une coopération plus étroite, l'O.E.C.E. eut pour premier but, non seulement de répartir les dons d'aide étrangère, mais encore d'élaborer un plan rationnel de développement des économies européennes. Toutefois, son action dans le domaine de la coordination des politiques économiques et sociales a été limitée, tant par sa structure intergouvernementale et les procédures d'unanimité

en vigueur, que par les profondes divergences dans les situations des 17 pays participants, de l'Angleterre à la Turquie, et de la Suède au Portugal. En revanche, dans le domaine strictement commercial, le rôle de l'Organisation Européenne de Coopération Economique a été très utile pour promouvoir sur un plan multilatéral, la réduction progressive du système des contingentements à l'importation.

Mais une coopération de ce type a ses limites propres et progressivement l'O.C.D.E. a vu ses possibilités d'action se réduire. Au point qu'il parut finalement nécessaire de s'engager dans la voie d'un élargissement du marché qui n'ait pas un caractère strictement commercial et qui, au moins dans un secteur donné, réalise une intégration économique en profondeur.

6. La C.E.C.A. — Le traité instituant la Communauté Européenne du Charbon et de l'Acier (C.E.C.A.) constitue l'exemple de cette mise en commun des ressources et des marchés dans un domaine restreint et sous le contrôle d'une autorité spécialisée. A ce titre, la C.E.C.A. peut être considérée comme une sorte de banc d'essai du Marché Commun généralisé. Le Traité signé en avril 1951 par la France, l'Allemagne, l'Italie et les trois pays du Benelux, déterminés à aller « plus vite et plus loin » que les autres pays européens, est plus qu'une libération des échanges et constitue un engagement irréversible. Il comporte un système institutionnel indépendant tant pour donner les impulsions nécessaires que pour contrôler l'exacte application du Traité. Ce système comprend un exécutif, une cour de justice et une assemblée parlementaire, compris comme un embryon de gouvernement européen, destiné à avoir une politique propre aussi bien qu'à coordonner les politiques des pays participants. L'application du Traité, en effet, ne consiste pas simplement à réduire des barrières douanières et à supprimer progressivement les systèmes de contingentements. C'est un équilibre, tant du marché que de la production, qui est recherché. Un certain nombre de règles de concurrence doivent être édictées et respectées pour que l'élargissement des débouchés se traduise par des bénéfices pour tous les consommateurs et se manifeste dans le sens le plus conforme au progrès économique. Une politique doit aussi être entreprise dans le domaine de la main-d'œuvre pour faciliter les réadaptations nécessaires. Enfin, dans ce domaine capital de l'industrie de base, une politique concertée et rationnelle des investissements est indispensable.

Si le bilan de la C.E.C.A. est incontestablement positif en

ce qui concerne l'accroissement de la production, le développement des échanges et l'harmonisation sociale, une crise grave s'est cependant manifestée principalement en Belgique à partir de 1958 ; crise due non seulement à des conditions propres à la production belge, mais surtout à une modification profonde dans la répartition des sources d'énergie sur le plan mondial. Ainsi, de 1950 à 1962, le pourcentage de couverture par le charbon des besoins en énergie de la Communauté est passé de 72,5 % à 47,5 % (alors que la productivité augmentait de 60 %) principalement au profit du fuel et du gaz naturel. Diverses mesures ont été prises. Mais le problème reste un problème à long terme qui exige la définition d'une véritable politique commune de l'énergie.

En observant toutes ces expériences, on peut constater que la mise en commun totale des ressources et des débouchés fait apparaître un nouveau problème : celui de *l'aire géographique* d'application. S'il est possible d'envisager un accord avec de très nombreux pays participants quand il s'agit d'un domaine technique limité, il devient très malaisé d'étendre une intégration économique profonde, compte tenu des engagements qu'elle comporte inéluctablement, à des pays trop distants du triple point de vue de la géographie, de l'histoire et des structures économiques et sociales. Ainsi se trouve défini, du point de vue du nombre des participants et des dimensions du Marché Commun, un certain « optimum » ou moyenne entre les avantages de l'élargissement et les possibilités réalistes de mise en œuvre.

Chapitre III

ÉCONOMIE DES GRANDS MARCHÉS

Compte tenu des expériences déjà réalisées, il est possible de dégager un certain nombre de lois du fonctionnement des grands marchés.

1. La charge salariale. — Il faut entendre par « niveaux des salaires », non seulement le salaire direct mais toutes les charges sociales annexes qui, réunies, constituent l'élément prépondérant des prix de revient.

D'un pays à l'autre, il est assez difficile de comparer exactement le poids des salaires et le niveau des prix, en raison de l'orientation différente des consommations comme de la complexité des éléments qui peuvent entrer dans la charge salariale et de la diversité de ses incidences. Néanmoins, il est certain qu'entre les divers pays européens il existe de très grandes différences dans les niveaux des charges salariales pouvant dépasser 50 % entre les pays méditerranéens et les pays scandinaves, notamment.

En théorie, les taux de change des monnaies tendent à s'adapter aux niveaux de prix et de coût, de telle manière que chaque pays conserve ses chances de production et d'exportation et qu'une certaine division internationale du travail soit maintenue. Si un niveau élevé de salaires n'est pas la conséquence logique d'une économie puissante et d'une haute productivité, il devient cause de déséquilibre dans les échanges internationaux, mais soit par le jeu des taux de change, soit par le jeu d'une politique interne plus restrictive ou plus sélective, il faudra bien aboutir à un nouvel équilibre.

Les conclusions ne sauraient être aussi optimistes si les différences de salaires et donc de prix de revient sont constatées secteur par secteur, et sont dues soit à des conditions particulières du secteur en cause plus ou moins développé dans un pays par rapport à un autre, soit encore et surtout à des divergences dans les réglementations sociales ou fiscales.

Il en est ainsi par exemple lorsque dans un secteur la main-d'œuvre est traditionnellement en grande majorité féminine et que les dispositions légales comportent l'obligation d'un salaire féminin égal au salaire masculin, alors que dans un pays concurrent, où il n'existe pas la même législation, les salaires féminins réellement appliqués peuvent être de 40 % inférieurs aux salaires masculins. L'existence de telles distorsions spécifiques, lors de l'élargissement du marché, pourrait vraisemblablement provoquer des troubles, et il paraît nécessaire d'envisager une harmonisation réelle des conditions de la rémunération.

2. **Le problème du rééquilibre économique.** — Le jeu des mécanismes de rééquilibre suppose que, non seulement les prix puissent s'adapter d'un pays à l'autre par le biais des taux de change, mais que l'activité économique elle-même, dans son ensemble, puisse se rééquilibrer par les possibilités de déplacement des capitaux et de la main-d'œuvre. Or, faire confiance totalement à la possibilité d'émigration massive de main-d'œuvre pour venir équilibrer l'augmentation des salaires dans les zones de suremploi méconnaît à la fois les réticences des masses à se déplacer comme les réticences des responsables des équilibres sociaux à les accueillir. Faire confiance à la liberté des mouvements de capitaux pour assurer la meilleure répartition économique des investissements, en escomptant que dans les régions actuellement les moins développées le niveau relativement plus faible des salaires serait une incitation suffisante, c'est méconnaître et la force des habitudes acquises au profit des concentrations déjà réalisées, et les dangers de mouvements brutaux purement spéculatifs ou psychologiques.

S'il existe déjà entre les différentes régions ou pays que mettrait en contact l'élargissement du marché une grande similitude dans le niveau du développement économique et social comme dans celui des capacités financières, les disparités dans les conditions de la concurrence ne sont pas graves ; et, en outre, les mécanismes de rééquilibre par les mouvements de capitaux et de main-d'œuvre pourront jouer facilement dans le sens du progrès de toutes les collectivités. Mais dans le cas contraire, l'élargissement du marché et les lois libérales de la concurrence et de la meilleure répartition des hommes et des capitaux peuvent non seulement ne pas jouer dans le sens d'un rééquilibre de pays à pays, mais encore accroître gravement les disparités initiales.

En définitive, le danger de la mise en commun des marchés est le danger d'une mise en commun qui ne serait que celle des difficultés déjà rencontrées à l'intérieur de chaque Etat.

Pour que l'agrandissement du marché joue vers un équilibre, il faut des possibilités de spécialisation pour chaque économie dans le marché élargi ou, à défaut, la garantie d'un effort rationnel de développement des régions les moins favorisées. L'unification de l'Italie et de la France, seules, peut n'être qu'une addition des déséquilibres et des excédents français et italiens. Dans le cadre d'une unification plus vaste, l'Italie comme la France peuvent retrouver leur meilleure chance et l'exacte complémentarité des économies n'est pas nécessaire : l'exemple du Benelux a montré à quel point ce souci pouvait être théorique dans une économie globale en expansion. En fait, les meilleurs clients des pays industriels ont toujours été des pays industriels.

En outre, il faut que les économies mises en commun le soient en totalité (cet impératif d'intégration limitant l'aire d'application possible et concourant ainsi à définir l'optimum géographique déjà mentionné.) La seule libre circulation des marchandises peut apporter quelques chances de progrès, mais ces progrès resteront limités, et elle comporte en outre des risques graves pour certains secteurs. Au contraire, dans la mesure où elle s'accompagne d'un rapprochement en tous ses compléments monétaires, financiers, sociaux, elle peut se traduire par le progrès économique de tous les participants.

Toutefois, même dans le cas d'un développement économique d'ensemble, ce développement risque d'être non proportionnel.

Etant admis que tout le monde profitera des avantages du grand marché, il reste encore à garantir que les écarts dans les bénéfices restent sains du point de vue de la productivité et tolérables du point de vue politique. Il est alors nécessaire d'envisager, à l'échelon du marché élargi, l'institution de mécanismes de compensation tendant au développement harmonieux du nouvel ensemble économique réalisé.

3. Le rôle de la concurrence.

— Il n'a été envisagé jusqu'ici que les possibilités d'un équilibre global, de pays à pays, dans le cadre d'un marché commun. Mais un élargissement du marché de cette ampleur peut avoir aussi des conséquences directes, à l'intérieur de chaque pays, sur les rapports des entreprises entre elles comme sur les structures de chaque entreprise considérée isolément. L'objectif de l'élargissement du marché reste l'élévation des niveaux de vie et la possibilité pour les consommateurs de s'approvisionner plus facilement et à des prix moindres ; les facilités nouvelles ouvertes aux producteurs, spécialisation, production de série, etc., ne sont que des moyens pour atteindre ce but. Il n'est pas évident qu'il sera atteint de lui-même, comme seule conséquence des avantages accordés aux entreprises, si un certain nombre de pratiques faussant le jeu de la concurrence peuvent s'instaurer.

C'est surtout vers des ententes d'entreprises à entreprises qu'il peut y avoir une incitation.

Dans la mesure où ces ententes s'accompagnent de l'effort de spécialisation nécessaire et ont pour conséquence des baisses sensibles de prix de vente, elles correspondent aux objectifs mêmes du grand marché. Dans la mesure où elles ne sont qu'un partage des débouchés sans bénéfice pour le consommateur, elles peuvent annuler une large part des avantages que l'on attend d'un marché commun. Tant cette appréciation que le contrôle sont extrêmement difficiles. Il n'en reste pas moins que, dans un grand marché, la définition et le respect d'un certain nombre de règles de concurrence prennent une importance particulière.

4. Les incidences sur les rythmes économiques. — Le grand marché n'a d'ailleurs pas que des conséquences sur l'équilibre d'une économie par rapport à une autre, ou d'une entreprise par rapport à une autre, à un moment donné. Il peut avoir des conséquences, dans le temps, sur les rythmes généraux de l'activité. Du point de vue de la continuité de la croissance économique, qui est celui de l'alternance des phases d'expansion et de récession, il semble que le grand marché apporte un élément nouveau de stabilité.

Les investissements, bénéficiant des garanties qu'apportent les débouchés élargis, sont mieux étudiés, à plus long terme, et réalisés selon des progressions plus rationnelles et plus constantes. En ce qui concerne les ventes, la tendance est d'abandonner la compétition dirigée directement contre une autre entreprise, les guerres de prix avec leurs contrecoups brutaux sur la consommation ; l'effort se concentre sur l'expansion du marché global.

Ainsi l'histoire du marché américain au cours des dernières années montre que l'importance des fluctuations de l'activité économique dues aux crises cycliques a considérablement diminué. Le grand marché, à ce titre, peut être une incitation, pour certaines entreprises, à développer les possibilités de prévision des variations économiques, d'étalement des variations incontrôlables, et, en conclusion, d'une certaine stabilité de l'expansion.

DEUXIÈME PARTIE

LE TRAITÉ
DE MARCHÉ COMMUN

CHAPITRE IV

DÉFINITION DU MARCHÉ COMMUN

En juin 1955, les ministres des Affaires étrangères des six pays de la C.E.C.A. se réunissaient à Messine et décidaient, sur la base d'un mémorandum du Benelux, de relancer l'idée européenne dans le domaine économique. Le communiqué final affirmait :

Il faut poursuivre le développement d'une Europe unie par le développement d'institutions communes, la fusion progressive des économies nationales, la création d'un marché commun et l'harmonisation progressive de leurs politiques sociales.

Ainsi qu'il l'a été souligné liminairement, on assistait donc à la conjonction du mouvement économique vers la libération des échanges et du mouvement politique d'unification européenne, autour de l'idée d'un marché commun à six, exclusif de tout droit de douane et restriction quantitative.

Toutefois, il convenait encore de définir les conditions de sa réalisation. Les six ministres décidèrent que sa mise en application nécessitait l'étude préalable d'un certain nombre de questions :

— la procédure et le rythme de la suppression progressive des obstacles aux échanges ainsi que les mesures appropriées pouvant permettre l'unification progressive du régime douanier à l'égard des pays tiers ;

— l'harmonisation des politiques générales des pays participants dans les domaines financiers, économiques et sociaux ;
— la coordination des politiques monétaires dans la mesure où elle paraîtrait nécessaire ;
— la création d'un fonds de réadaptation et l'établissement progressif de la libre circulation de la main-d'œuvre ;
— l'élaboration de règles de concurrence en vue d'exclure notamment toute discrimination nationale ;
— la création d'un fonds d'investissement en vue de développer les régions les moins favorisées des Etats participants ;
— l'harmonisation progressive des réglementations en vigueur dans le domaine social, en ce qui concerne notamment la durée du travail.

Cette liste de questions à résoudre avant toute négociation donne déjà des indications extrêmement intéressantes sur les principes et le contenu d'un marché commun, tel que la théorie comme les expériences historiques pouvaient permettre de l'envisager. En même temps, une procédure de négociations avait été fixée. La base devait en être un rapport préliminaire rédigé par un comité de délégués gouvernementaux placé sous la présidence d'une haute personnalité politique : M. Spaak.

1. **Le rapport Spaak.** — Le travail fut assez long, assez difficile, mais extrêmement utile. Ce n'est qu'en avril 1956 que les chefs de délégation purent remettre à leurs ministres ce rapport préliminaire. Mais une conférence des six ministres des Affaires étrangères, réunis à Venise en mai 1956, put l'adopter dans son ensemble comme base de la rédaction du futur traité.

Le rapport des experts, appelé très souvent « Rapport Spaak », posait un certain nombre de principes :

« L'objet d'un Marché Commun européen doit être de créer une vaste zone de politique économique commune constituant une puissante unité de production et permettant une expansion continue, une stabilité accrue, un relèvement accéléré du niveau de vie et le développement de relations harmonieuses entre les Etats qu'il réunit.

« ... Les avantages (dans le domaine technique de la production) d'un Marché Commun ne peuvent cependant être obtenus que si des délais sont accordés et des moyens collectivement dégagés pour permettre les adaptations nécessaires, s'il est mis fin aux pratiques par lesquelles la concurrence est faussée entre les producteurs, et s'il s'établit une coopération des Etats pour assurer la stabilité monétaire, l'expansion économique et le progrès social. Telle est la raison fondamentale pour laquelle, si souhaitable que puisse apparaître en théorie une libération du commerce à l'échelle mondiale, un véritable Marché Commun n'est finalement réalisable qu'entre un groupe limité d'Etats qu'on souhaitera aussi large que possible... Le Marché Commun ne peut être que régional, c'est-à-dire établi entre des Etats qui se sentent assez près les uns des autres pour apporter dans leur législation les ajustements appropriés et pour faire prévaloir dans leur politique la solidarité nécessaire. »

Les rédacteurs du rapport, ayant défini les grandes lignes du contenu du Marché Commun, en ont tiré certaines conséquences quant aux institutions nécessaires, en fonction des objectifs retenus. Ils ont distingué un organe permanent et indépendant, avec un rôle général d'initiative, la Commission européenne ; et un organe représentant les Etats membres qui, suivant les domaines et les étapes de réalisation du Traité, prendrait ses décisions suivant des règles très souples de majorité, le Conseil des Ministres. Au partage de compétence entre ces deux organes s'ajouterait le double contrôle d'une Cour de Justice et d'une Assemblée.

2. La négociation de Bruxelles. — Ce rapport était déjà un compromis. Dès l'origine, certaines oppositions s'étaient manifestées entre une tendance libérale qui n'envisageait *a priori* qu'une simple suppression des obstacles aux échanges existants dans un délai le plus rapide possible, et des pays, comme la France, plus inquiets des conséquences de ce strict libéralisme commercial. La nécessité de l'extension du domaine du Traité aux questions non commerciales, de l'allongement des délais de réalisation, d'un tarif extérieur commun suffisamment protecteur, avait été progressivement reconnue comme condition de la plèine participation des six pays. Néanmoins, sur certains points, le rapport de Bruxelles était trop vague et des questions extrêmement délicates comme celles de l'agriculture, de l'harmonisation des charges sociales et de l'association des territoires d'outre-mer n'étaient pas réglées.

Une solution originale fut trouvée à Bruxelles au problème de l'expansion des échanges agricoles, dans le cadre d'une politique agricole commune. En ce qui concerne l'harmonisation des charges sociales, c'est à la suite d'une entrevue entre le chef du gouvernement allemand et le chef du gouvernement français, en novembre 1956, que furent apportées des précisions et des garanties par rapport aux projets initiaux des experts. De même, en ce qui concerne le déroulement des mesures de déprotection douanière et contingentaire, une procédure spéciale d'ordre institutionnel permit d'apporter une souplesse supplémentaire lors du passage décisif de la première à la seconde étape. En ce qui concerne l'association des territoires d'outre-mer au Marché Commun européen dont la France avait avancé l'idée dès la Conférence de Venise, ce fut aussi par une réunion au niveau le plus élevé des six chefs de gouvernement à Paris, en février 1957, qu'un accord fut réalisé, définissant à la fois des objectifs globaux et des modalités provisoires d'application.

Enfin, sur de nombreuses modalités techniques de la mise en place du Marché Commun, la négociation se traduisit par des précisions ou compléments importants au rapport de Bruxelles. C'est en définitive vers une mise en commun des marchés et des ressources, mais aussi vers un équilibre global des dispositions du Traité qui soit supportable pour les économies les moins prospères que l'on s'est orienté, et vers un équilibre institutionnel faisant une large confiance aux organes de la Communauté pour résoudre les problèmes particuliers qui se poseront lors de l'application.

Sur la base du « Rapport Spaak » et à la suite des négociations de Val-Duchesse, il est apparu que les avantages du seul élargissement du marché ne suffisaient pas à dissiper toutes les craintes ou à compenser toutes les conséquences d'ajustement éventuel pour tous les partenaires. A ce titre, l'originalité du Traité consiste dans le fait que la garantie d'un fonctionnement harmonieux du Marché Commun est recherchée dans le sens d'une fusion réelle des divers marchés nationaux, par un rapprochement économique et social assez poussé pour égaliser les conditions de la concurrence et les possibilités de développement. Le Traité de Marché Commun, ou, mieux, de Communauté Economique Européenne, va donc au-delà des mécanismes simplement commerciaux, et comporte, parallèlement à l'instauration progressive d'une libre circulation des marchandises, la réalisation d'un minimum nécessaire d'intégration économique sous le contrôle d'institutions propres.

3. **Les grandes lignes du Traité.** — L'élimination des obstacles aux échanges, droits de douane et contingentements, reste pourtant la base et l'objectif premier du Traité. C'est par rapport à cette élimination, qui correspond à la création du marché lui-même, que les dispositions nécessaires en d'autres domaines viendront s'organiser. Elle doit être totalement réalisée en une période de 12 à 15 ans par une procédure assez automatique, cette période,

dite transitoire, étant elle-même divisée en trois étapes en principe de quatre ans chacune. A chaque étape est assigné, sous le contrôle des institutions de la Communauté, un ensemble d'objectifs portant, non seulement sur les progrès de l'élimination des obstacles aux échanges, mais sur les mesures parallèles de rapprochement économique et social.

La suppression des droits de douane et des restrictions quantitatives entre les Etats membres devra s'accompagner de la mise en place à un rythme comparable d'un tarif extérieur commun vis-à-vis des pays tiers, qui donne juridiquement au Traité de Rome son caractère d'union douanière, le différencie d'une zone de libre-échange, et constitue à l'intérieur de la Communauté le premier facteur d'unification. En outre, dans ce cadre de protection identique, le rapprochement des économies devra être poursuivi par des mécanismes internes tendant à corriger les inégalités de prix, de conditions de travail, de répartition des facteurs de production : harmonisations sociales, procédure efficace de correction des distorsions dans les conditions de la concurrence, politique agricole commune tendant au rapprochement des prix, coordination des politiques monétaires, concours mutuel en cas de difficultés de balance des paiements, action d'un fonds social et d'une banque européenne. Enfin la quatrième partie du Traité organise l'association à la Communauté des pays et territoires d'Outre-Mer ayant des relations particulières avec la France, la Belgique, les Pays-Bas, l'Italie. Le but est à la fois de développer les échanges commerciaux entre ces pays et l'ensemble de la Communauté, l'Etat métropolitain ne bénéficiant plus d'un traitement préférentiel, et d'assurer une aide multilatérale au développement de ces territoires en amorçant une répartition communautaire des charges d'aide.

4. L'équilibre dans l'application. — Les étapes de la période transitoire traduisent non seulement un souci de progressivité dans la réalisation du Marché Commun, progressivité indispensable pour permettre les adaptations, mais aussi une volonté d'unité comme l'exigent l'ampleur du Traité et la nécessité d'un équilibre constant dans son application.

Assurer le développement simultané du Marché Commun dans ses aspects tarifaires ou commerciaux et dans les éléments de politiques économique et sociale communes qu'il doit comporter, est un des problèmes fondamentaux du Traité. Un lien a donc été établi entre la poursuite des mécanismes automatiques de démobilisation douanière et la constatation des progrès réalisés dans les autres domaines du Traité (agriculture notamment) par une procédure de passage de la première à la deuxième étape.

Répéter cette procédure aurait pu être dangereux dans la mesure où elle pouvait être utilisée non dans un souci d'équilibre mais comme un veto sur les développements d'ensemble du Traité ; et aussi être appréciée comme un élément d'incertitude. Le problème de l'application équilibrée du Traité subsiste donc. *En fait, il s'agit de l'équilibre à maintenir entre les dispositions que l'on peut qualifier d' « automatiques » et celles que l'on peut appeler « volontaires ».* Dans le domaine tarifaire, il est assez facile de prévoir un calendrier précis et en quelque sorte « chiffré » des opérations à effectuer, alors que dans les domaines de la coordination économique (pourtant indispensable au bon fonctionnement et à la réalisation finale de l'union douanière elle-même) il est impossible ou illusoire de fixer à l'avance les décisions à prendre.

Par ailleurs, le Traité de Rome n'est pas un traité de communauté politique et les mécanismes de coordination se limitent au minimum indispensable tel qu'on peut le prévoir actuellement, ou encore, comme il est précisé à de nombreuses reprises : « dans la mesure nécessaire au bon fonctionnement du Marché Commun ». Aller plus loin aurait empiété gravement dans des domaines essentiels de l'indépendance politique des Etats. Aller plus loin aurait aussi dès maintenant soulevé d'inutiles discussions de doctrine économique. C'est pour beaucoup sans doute un défaut, mais c'est peut-être une des vertus de ce Traité qu'il se soit tenu le plus possible à l'écart de ces conflits de principe, entre le libéralisme et le dirigisme, pour faire confiance aux procédures fixées par le Traité lui-même lorsque l'expérience montrera que des décisions dans un sens ou dans l'autre sont nécessaires. Ce qui compte, c'est la certitude que les décisions pourront être prises.

Sur certains points la garantie a été trouvée dans une procédure majoritaire. Sur d'autres, une procédure majoritaire aurait comporté à l'avance et en quelque sorte « à froid » une renonciation trop sensible à l'autonomie des Etats. L'unanimité reste donc, c'est-à-dire la confiance dans la bonne volonté politique de tous les Etats membres ; et aussi, ce qui n'est pas négligeable, dans la pression sans cesse accrue exercée par les premiers effets du Traité lui-même.

5. **Le souci de l'objectif final.** — Entraîner les Etats dans une sorte de processus économique ou politique que l'on espère irréversible, oui ; mais ne pas forcer abusivement ce processus et surtout ne jamais risquer une situation où un Etat trouverait les conséquences du Traité intolérables, et remettrait en cause le pari initial. Il faut bien voir que ce mélange d'engagements et de prudence cor-

respond aussi à un souci positif capital souvent méconnu : celui d'assurer la réalisation intégrale du Traité et d'aller jusqu'au bout de ses objectifs, qui a marqué les négociateurs et reste un des traits du Marché Commun.

Il est relativement facile de *commencer* à réduire les barrières commerciales entre Etats. Ce qui est difficile, c'est de continuer, passé les premières mesures. Ce qui est encore plus difficile, c'est de *finir* : c'est d'avoir totalement supprimé ces barrières et d'être arrivé à créer une nouvelle unité. D'autres expériences l'ont montré. Or, le succès économique du Marché Commun (et aussi les possibilités de développement politique qui sont une de ses raisons d'être) dépend non pas du début des opérations, mais bien de la chance de les mener entièrement à bonne fin. C'est à ce stade final, et à ce stade final seulement, que les avantages techniques, économiques et politiques les plus sensibles apparaîtront.

C'est dans cet esprit qu'il faut apprécier nombre de dispositions du Traité et l'ensemble de ses grandes lignes : la volonté d'équilibre entre les secteurs et entre les engagements de diverses natures (le problème le plus difficile étant notamment celui de progrès équilibrés dans l'agriculture et l'industrie), le souci de progressivité et de souplesse, enfin la création d'institutions qui puissent jouer de façon permanente un rôle de contrôle et d'animateur.

6. **L'élargissement de la Communauté.** — Depuis l'entrée en vigueur des traités, plusieurs demandes ou groupes de demandes d'adhésion à la Communauté ont été présentées, au titre des articles 237 C.E.E., 205 C.E.E.A. et 98 C.E.C.A.

Des négociations s'ouvrirent en octobre 1961 avec le Royaume-Uni, l'Irlande, le Danemark et la Norvège, mais furent suspendues en janvier 1963 sur intervention de la France qui jugeait les progrès insuffisants. Le Royaume-Uni et ses partenaires renouvelèrent leur demande d'adhésion en 1967, et la séance d'ouverture des négociations eut lieu à Luxembourg le 30 juin 1970 après acceptation par les Etats candidats à la fois des traités et de leurs finalités politiques et de l'ensemble des décisions intervenues depuis leur entrée en vigueur, conformément à la condition posée en décembre 1969 par la réunion des chefs d'Etat et de gouvernement de La Haye. L' « acquis communautaire » ayant ainsi été accepté, c'est sur la durée et les modalités de la période de transition que les négociations allaient porter : dans le secteur agricole, mise en vigueur immédiate de la préférence communautaire mais alignement progressif des prix britanniques sur ceux de la Communauté, régime spécial pour les exportations de beurre et de fromage néo-zélandais vers le Royaume-Uni et pour les pays du Commonwealth producteurs de sucre ; pour les produits industriels, suppression progressive des droits de douane dans le commerce intracommunautaire et mise en place du tarif extérieur commun.

Les Actes d'adhésion furent signés à Bruxelles le 22 janvier 1972, puis ratifiés par le Royaume-Uni, le Danemark et l'Irlande et sont entrés en vigueur le 1er janvier 1973. La Norvège, en revanche, n'a finalement pas adhéré à la Communauté, le référendum sur l'adhésion organisé dans ce pays le 25 octobre 1972 ayant eu un résultat négatif.

En 1974, le gouvernement travailliste britannique a présenté une demande de renégociation, à la suite de laquelle le Conseil européen de Dublin de mars 1975 adopta un « mécanisme correcteur » relatif à la répartition des charges financières de la C.E.E. entre les Etats membres. Le 5 juin 1975, le gouvernement travailliste organisa un référendum sur le maintien du Royaume-Uni dans la Communauté, en faveur duquel se prononcèrent 67,2 % des électeurs.

La Grèce, qui avait conclu avec la Communauté un accord d'association, a demandé son adhésion en 1975. Le Traité a été signé à Athènes le 28 mai 1979 et est entré en vigueur au 1er janvier 1981.

Le Portugal et l'Espagne, liés à la Communauté par des accords préférentiels, ont présenté en 1977 leur demande d'adhésion ; les négociations se sont ouvertes en octobre 1978 et en février 1979, respectivement. L'entrée de l'Espagne dans le Marché Commun, largement souhaitée dans le secteur industriel en raison du démantèlement qu'elle entraîne des barrières protectionnistes mises en place dans ce pays, était en revanche redoutée par les agriculteurs des régions méditerranéennes, notamment dans le sud de la France, qui craignaient particulièrement la concurrence des producteurs espagnols pour les fruits et légumes, les agrumes, le vin ou l'huile d'olive.

Le traité d'adhésion des deux pays ibériques fut signé le 12 juin 1985, successivement à Lisbonne et à Madrid, et, après ratification par les dix autres Etats membres, est entré en vigueur le 1er janvier 1986. La durée de la période de transition est en principe de sept ans, mais avec des modalités particulières dans l'agriculture, à la fois en Espagne (dix ans pour les matières grasses végétales et les fruits et légumes frais) et au Portugal (deux étapes de cinq ans chacune), et pour la pêche (de sept à dix ans). Un « mécanisme complémentaire applicable aux échanges » est en outre institué pour les produits sensibles (pommes de terre et vin par exemple) dans le commerce entre la Communauté à dix et les deux nouveaux Etats membres, qui doit permettre le contrôle et le développement régulier des échanges et autorise éventuellement le recours à des mesures de sauvegarde.

Pour faciliter l'adaptation des régions méridionales de la Communauté à la situation nouvelle résultant de l'élargissement, un règlement de juillet 1985 institue les Programmes intégrés méditerranéens, qui permettent d'accorder des subventions et des prêts à trois pays (Grèce, France et Italie) pour les aider à financer sur une période de sept ans des investissements du secteur productif, la réalisation d'infrastructures et la valorisation des ressources humaines. 7 P.I.M. pour la France, autant pour la Grèce et 15 pour l'Italie concernent ainsi l'agriculture (y compris les industries agroalimentaires) et la pêche, l'énergie, l'industrie, l'artisanat et les services (1).

7. **L'Acte unique européen.** — Soucieux de parachever le Marché Commun en éliminant notamment les obstacles non tarifaires aux échanges qui entravent encore le commerce intracommunautaire, et de réduire les disparités de développement au sein de la Communauté que les deux derniers élargissements ont fortement accentuées, le Conseil européen de Milan des 28 et 29 juin 1985 a décidé la convocation d'une conférence intergouvernementale, chargée de préparer une révision des traités européens. Cette conférence, qui s'est réunie à Luxembourg de septembre à décembre 1985 au niveau des ministres des Affaires étrangères, a conduit à l'élaboration d'un document intitulé « Acte unique européen » parce qu'il regroupe dans un texte unique à la fois des modifications des

_____

(1) Outre celle des six pays qui ont effectivement adhéré à la Communauté, une demande officielle d'adhésion a été présentée par la Turquie en avril 1987, ainsi que par le Maroc en juillet de la même année.

traités C.E.C.A., C.E.E. et C.E.E.A., et des dispositions sur la coopération européenne en matière de politique étrangère. Approuvé par le Conseil européen de Luxembourg des 2 et 3 décembre 1985, l'Acte unique européen a été signé par neuf Etats membres à Luxembourg le 17 février 1986, et par les trois autres à La Haye le 28 février (pour le Danemark après un référendum le 27 février, dont le résultat fut positif, rendu nécessaire par un vote hostile du Parlement danois). La ratification eut lieu dans tous les Etats membres pendant l'année 1986, sauf en Irlande où la Cour suprême, saisie d'un recours d'un particulier, constata l'incompatibilité entre l'Acte unique et la constitution irlandaise. Un référendum fut organisé le 26 mai 1987, et son résultat ayant été positif, la Constitution fut modifiée afin d'éliminer cette incompatibilité et permettre à l'Irlande de ratifier l'Acte unique. La ratification intervint le 24 juin, et l'Acte unique est entré en vigueur le 1er juillet 1987.

Il constitue la plus importante révision des traités européens réalisée jusqu'à présent, et son objectif fondamental est d'établir d'ici au 31 décembre 1992 un véritable « marché intérieur », c'est-à-dire un espace sans frontières intérieures dans lequel les marchandises, les personnes, les services et les capitaux circulent librement. Mais pour que les bénéfices économiques procurés par le grand marché profitent à tous les pays membres, la Communauté doit parallèlement renforcer sa cohésion économique et sociale en réduisant l'écart entre les diverses régions et le retard des régions les moins favorisées. L'Acte unique consacre également le Système monétaire européen et le rôle de l'Ecu, la compétence de la Communauté en matière de politique sociale et de protection de l'environnement, et la nécessité d'un effort particulier en faveur de la recherche et du développement technologique. Sur le plan de la coopération politique européenne, il recommande aux Etats membres de formuler et mettre en œuvre une politique étrangère européenne, et de coordonner leurs positions sur les questions de sécurité.

Le fonctionnement des institutions communautaires est par ailleurs amélioré grâce à un recours accru au vote à la majorité dans les délibérations du Conseil, limitant ainsi le champ des décisions prises à l'unanimité, et par l'institution d'une procédure de coopération qui doit permettre au Parlement européen de participer davantage au processus de prise des décisions par le Conseil.

En février 1987, la Commission européenne a présenté, sous le titre « Réussir l'Acte unique. Une nouvelle frontière pour l'Europe », un ensemble de propositions de réforme du financement de la Communauté, de la politique agricole commune et des Fonds structurels communautaires, sur lesquelles le Conseil européen a marqué son accord à Bruxelles les 29 et 30 juin 1987, à Copenhague les 5 et 6 décembre 1987, et à Bruxelles à nouveau les 11 et 12 février 1988.

L'objectif majeur de l'Acte unique est incontestablement la réalisation du marché intérieur, dont la Commission a explicité le contenu dans un Livre blanc de juin 1985, qui énumère toutes les mesures à prendre pour supprimer les barrières physiques, techniques et fiscales dans la Communauté, et fixe un calendrier pour leur adoption. Au total, ce sont 286 mesures que doit prendre le Conseil avant la fin 1992.

CHAPITRE V

LA LIBERTÉ DE CIRCULATION

Procédant d'une philosophie de type libéral, le Marché Commun suppose la disparition des entraves de tous ordres aux échanges entre Etats membres. Le principe de liberté de circulation en est la poutre maîtresse.

I. — Les marchandises

La Communauté est fondée sur une union douanière qui s'étend à l'ensemble des échanges de marchandises, et qui comporte l'interdiction, entre les Etats membres, des droits de douane à l'importation et à l'exportation, de toutes taxes d'effet équivalent, ainsi que l'adoption d'un tarif douanier commun dans leurs relations avec les pays tiers.

Parallèlement, le Traité prévoit la suppression entre les Etats membres de toutes les restrictions quantitatives à l'importation et à l'exportation. La libre circulation des marchandises à l'intérieur de la Communauté s'applique non seulement aux produits originaires des Etats membres, mais aussi aux produits en provenance des pays tiers qui ont acquitté, à l'entrée de l'un des Etats membres, les droits de douane et taxes d'effet équivalent ; ces produits sont alors dits « en libre pratique » à l'intérieur de la Communauté. L'établissement d'un tarif douanier commun et l'extension de la liberté de circulation aux produits en libre pratique constituent deux caractéristiques essentielles de l'union douanière. Dans une zone de libre-échange, au contraire, chaque Etat membre conserve à l'égard des pays tiers son tarif douanier national au niveau qui lui convient, et les produits originaires des pays tiers ne peuvent pas circuler en toute liberté à l'intérieur de la zone.

1. **Les droits de douane.** — Si les droits de douane à l'importation et à l'exportation ont bien été entièrement supprimés entre les six États membres de la Communauté originaire, avec deux ans et demi d'avance sur la date prévue par le Traité de Rome, la libre circulation des marchandises reste tributaire des progrès à réaliser dans le domaine de l'union économique et monétaire. En matière fiscale, l'harmonisation des taxes sur le chiffre d'affaires est bien avancée puisque tous les Etats membres ont adopté le système de la taxe à la valeur ajoutée et qu'en application de la 6e directive du Conseil du 17 mai 1977, l'assiette de la T.V.A. est désormais uniforme. Mais de profondes disparités subsistent entre les taux, qui obligent à des perceptions dont les formalités provoquent d'importants retards lors du passage des frontières intracommunautaires. Le taux normal de T.V.A., qui est de 12 % au Luxembourg et en Espagne, et 14 % en Allemagne fédérale, atteint 18,6 % en France, 22 % au Danemark et 25 % en Irlande. Il existe même un taux majoré à 33,3 % en France, 36 % en Grèce et 38 % en Italie. La Commission européenne a proposé en juillet 1987 un système de fourchettes, selon lequel il ne devrait y avoir dans chaque Etat membre que deux taux de T.V.A., un taux normal compris entre 14 et 20 %, et un taux réduit entre 4 et 9 % pour les produits alimentaires, les médicaments ou les livres et journaux. Dans l'agriculture, une nouvelle forme de cloisonnement entre les marchés nationaux est apparue avec l'institution à partir de 1969 des montants compensatoires monétaires, positifs dans les pays à monnaie forte et négatifs dans les pays à monnaie faible, qui jouent dans les premiers comme des subventions à l'exportation et des taxes à l'importation et en sens inverse dans les seconds. Enfin les trois élargissements de la Communauté (Danemark, Irlande, Royaume-Uni en 1973, Grèce en 1981, Espagne et Portugal en 1986) se sont accompagnés d'une réduction par étapes des droits de douane à l'importation au cours d'une période transitoire allant respectivement jusqu'au 1er juillet 1977, 1er juillet 1986 et 1er juillet 1993.

2. **Les restrictions quantitatives. Les monopoles commerciaux.** — De la même manière les six Etats membres originaires ont supprimé les restrictions quantitatives aux échanges,

mais l'abondante jurisprudence de la Cour de justice sur les mesures d'effet équivalent montre le danger de la tentation protectionniste en période de crise et l'ingéniosité dont font preuve les administrations pour préserver de la concurrence les productions nationales. Les nouveaux Etats membres ont supprimé leurs restrictions quantitatives dès l'adhésion (sauf la Grèce autorisée à maintenir pour quelques produits des contingents jusqu'à la fin de la période de transition), et les mesures d'effet équivalent devaient l'être dans un délai de deux ans. Conformément à l'article 37 du Traité, les monopoles nationaux à caractère commercial (alcools, tabacs, produits pétroliers) ont été progressivement aménagés de manière à exclure toute discrimination entre les ressortissants des Etats membres dans les conditions d'approvisionnement et de débouchés.

3. **Le tarif extérieur commun.** — La suppression des barrières tarifaires entre les Etats membres a comporté simultanément la mise en application progressive d'un tarif douanier commun vis-à-vis des pays tiers. L'obligation prévue par le G.A.T.T. *(General Agreement on Tariffs and Trade)* de fixer le niveau de ce tarif à un montant ne pouvant être d'une incidence supérieure à celle de la moyenne des droits en vigueur dans les pays constitutifs de l'union douanière a été respectée et même au-delà par les pays du Marché Commun. A la suite des négociations commerciales multilatérales du Dillon Round et du Kennedy Round, la Communauté a réduit de près de 50 % sa protection tarifaire, et à nouveau d'un tiers après le Tokyo Round (1973-1979). Un nouveau cycle de négociations a été lancé à Punta del Este en septembre 1986 (Urugway Round).

4. **Barrières non tarifaires.** — Pour faciliter les échanges, des règles communes ont été arrêtées en ce qui concerne la détermination de l'origine d'une marchandise et de sa valeur en douane, et des régimes douaniers économiques facilitent le commerce entre Etats membres (transit communautaire) ou avec des pays tiers (perfectionnement actif ou passif). L'élimination des entraves techniques aux échanges est poursuivie par le rapprochement des législations nationales, et la jurisprudence a fixé des limites très strictes à la possibilité pour un Etat membre d'interdire l'admission sur son territoire d'un produit légalement fabriqué et commercialisé dans un autre Etat membre (arrêt de la Cour du 20 février 1979, affaire dite « des cassis de Dijon »).

Mais il n'est pas douteux que les résultats sont encore insuffisants et que les Etats membres s'efforcent souvent de limiter les importations au moyen de mesures d'effet équivalant à des restrictions quantitatives, soit par des réglementations administratives (restrictions aux importations de vin italien en France en 1981), soit en invoquant des raisons sanitaires (interdiction des importations de lait U.H.T. français au Royaume-Uni en 1983 ou de bières françaises en Allemagne en 1987).

II. — Les personnes et les services

1. **La libre circulation des travailleurs.** — Aux termes de l'article 48 du Traité, elle est assurée à l'intérieur de la Communauté au plus tard à l'expiration de la période de transition. Elle implique l'abolition de toute discrimination fondée sur la nationalité entre les travailleurs des Etats membres en ce qui concerne l'emploi, la rémunération et les autres conditions de travail. Elle comporte notamment le droit, sous réserve des limitations justifiées par des raisons d'ordre public ou de santé publique, de répondre à des emplois effectivement offerts, et à cet effet de se déplacer librement sur le territoire des Etats membres, ainsi que de séjourner dans un Etat membre pour y exercer un emploi conformément aux dispositions régissant l'emploi des travailleurs nationaux.

Pour que la mobilité de la main-d'œuvre puisse être effective, une coordination des régimes nationaux de Sécurité sociale a été réalisée, comportant en particulier la totalisation, pour l'ouverture et le maintien du droit aux prestations, dans un Etat membre, de toutes les périodes d'assurances déjà accomplies par le travailleur dans d'autres Etats membres.

2. **Le droit d'établissement et la liberté de prestation des services.** — Ils concernent les activités indépendantes et consistent respectivement dans le droit, pour le ressortissant d'un Etat membre, soit de s'installer sur le territoire d'un autre Etat membre pour y exercer une activité professionnelle, soit d'effectuer sur ce territoire un acte isolé de sa profession en demeurant établi dans un autre Etat membre. Conformément aux articles 52 et 59 du Traité, les restrictions devaient être progressivement supprimées au cours de la période de transition, dans des conditions et selon un calendrier fixés par deux Programmes généraux adoptés par le Conseil le 18 décembre 1961, sauf pour les activités participant à l'exercice de l'autorité publique.

Il est prévu que la suppression des restrictions s'applique également à la création d'agences, de succursales ou de filiales, et que le droit d'établissement comporte la constitution et la gestion d'entreprises, notamment de sociétés.

Pour faciliter l'accès à certaines activités non salariées et leur exercice, le Conseil a pris des directives visant à la reconnaissance mutuelle des diplômes et à la coordination des législations fixant dans les Etats membres les conditions d'accès à ces professions : dans le secteur médical et paramédical (médecins, infirmiers, dentistes, vétérinaires, sages-femmes, pharmaciens), dans le domaine des assurances et des activités bancaires, pour les professions de transporteur routier ou de coiffeur, etc. La Commission a proposé en 1985 de renoncer à cette approche purement sectorielle, et d'adopter un système général de reconnaissance mutuelle des diplômes d'enseignement supérieur qui sanctionnent des formations professionnelles d'une durée minimale de trois ans ; le Conseil a approuvé en 1988 la directive correspondante. Pour faire évoluer les mentalités et développer chez les jeunes Européens le réflexe transnational, la Communauté a lancé deux importants programmes : C.O.M.E.T.T. en 1986, qui tend à renforcer les relations entre universités et entreprises en matière de nouvelles technologies, et E.R.A.S.M.U.S. en 1987, en faveur de la mobilité des étudiants à travers l'Europe.

III. — Les capitaux

Les objectifs du Marché Commun ne pouvant être pleinement réalisés s'il n'est pas possible d'investir des capitaux partout dans la Communauté, afin d'en obtenir le rendement optimal, l'article 67 du Traité prévoit la suppression progressive, pendant la période de transition, des restrictions aux mouvements de capitaux appartenant à des personnes résidant dans les Etats membres, mais seulement « dans la mesure nécessaire au bon fonctionnement du Marché Commun ». C'est que la libre circulation des capitaux est intimement liée à la politique économique et monétaire des Etats membres, et l'absence de coordination des politiques nationales explique les réalisations limitées enregistrées dans ce domaine. Si des opérations comme les investissements immobiliers et le rapatriement du produit de leur liquidation, ou les mouvements de capitaux à caractère personnel (versement de salaires, successions) sont aujourd'hui totalement libérées, les mouvements de capitaux très mobiles, en revanche, peuvent être réglementés par les Etats, qui sont donc toujours habilités à restreindre les versements en comptes courants, les dépôts auprès d'établissements de crédits à l'étranger ou l'importation et l'exportation matérielle de valeurs (c'est-à-dire le fait de passer la frontière avec une certaine quantité de devises). La Cour de justice, cependant, a rendu les réglementations nationales des changes inopposables, dans certaines circonstances, aux ressortissants des autres Etats membres, en considérant que les transferts de devises correspondant au paiement d'une prestation de services (voyage d'affaires ou d'études, soins médicaux, tourisme) n'étaient pas des mouvements de capitaux et ne pouvaient faire l'objet de restrictions (arrêt du 31 janvier 1984).

En application du Livre blanc sur le marché intérieur, une directive de novembre 1986 a libéralisé les crédits commerciaux à long terme, et l'admission de titres émis par une entreprise d'un Etat membre sur le marché des capitaux d'un autre Etat membre, et une directive de juin 1988 réalise une libéralisation totale à partir du 1er juillet 1990, sous réserve d'une harmonisation de la législation relative à la fiscalité de l'épargne.

Chapitre VI

ÉGALISATION DES RÈGLES DE CONCURRENCE

Dans une communauté d'inspiration libérale, la concurrence est une condition du fonctionnement harmonieux du grand marché : elle est un « facteur ordonnateur » de l'économie. Or de nombreux phénomènes peuvent la fausser, la réduire d'un pays à l'autre, en limiter les effets bénéfiques pour les consommateurs et plus généralement entraver les échanges de marchandises. Aussi le Traité comprend-il un certain nombre de règles, applicables soit aux entreprises (articles 85 et 86), soit aux Etats membres eux-mêmes (art. 92 et 93).

1. **Les ententes.** — Sont interdits — et nuls de plein droit — les accords entre entreprises (qu'ils prennent la forme d'un contrat proprement dit ou simplement d'une pratique concertée) susceptible d'affecter le commerce entre Etats membres et de restreindre le jeu de la concurrence à l'intérieur du Marché Commun. Il s'agira par exemple d'une interdiction d'exporter un produit dans les autres Etats membres, ou d'un accord imposant un prix de vente unique dans tous les Etats, ou encore tendant à appliquer des conditions discriminatoires aux opérateurs qui ne participent pas à l'entente.

Une telle interdiction, cependant, méconnaîtrait les nécessités de la vie industrielle moderne si elle était appliquée avec rigidité. Un accord bénéficiera donc d'une exemption et pourra être maintenu s'il contribue à améliorer la production ou la distribution d'un produit ou à promouvoir le progrès technique ou économique, tout en réservant aux utilisateurs une part équitable du profit qui en résulte.

2. **Les positions dominantes.** — Le Traité n'interdit nullement à une entreprise de détenir sur le Marché Commun une position dominante, c'est-à-dire d'être en mesure d'avoir des comportements indépendants par rapport à ses concurrents ou ses clients. C'est au contraire une preuve de dynamisme commercial que de parvenir à limiter ainsi la pression concurrentielle. En revanche, il ne lui est pas permis d'exploiter de façon abusive cette position dominante, en utilisant les possibilités

qui en découlent pour obtenir des avantages qu'elle n'obtiendrait pas en situation de concurrence normale, et sur ce point aucune exemption de l'interdiction ne peut être accordée.

3. Les aides accordées par les Etats membres. — Sont en principe interdites, dans la mesure où elles affectent les échanges entre Etats membres, les aides accordées par les Etats ou au moyen de ressources d'Etat qui faussent ou menacent de fausser la concurrence en favorisant certaines entreprises ou certaines productions. La Commission peut cependant considérer certaines aides comme compatibles avec le Marché Commun, lorsqu'elles sont destinées à favoriser le développement de régions où le niveau de vie est anormalement bas ou qui connaissent un grave sous-emploi, ou encore celles susceptibles de faciliter le développement de certaines activités. Mais elles ne doivent pas altérer les conditions des échanges dans une mesure contraire à l'intérêt commun, et la mise en œuvre de cette règle suscite bien des difficultés pour les aides octroyées aux secteurs en crise (sidérurgie, construction navale, textile).

4. Les entreprises publiques. — Les règles de concurrence sont applicables aux entreprises publiques et à celles auxquelles les Etats accordent des droits spéciaux ou exclusifs, bien qu'une atténuation du principe soit prévue au bénéfice des entreprises chargées de la gestion d'un service d'intérêt économique général et de celles présentant le caractère d'un monopole fiscal. Habilitée à faire respecter ces dispositions, la Commission a notamment adopté une directive du 25 juin 1980 relative à la transparence des relations financières entre les Etats membres et les entreprises publiques.

5. Harmonisation fiscale. — Des distorsions de concurrence pouvant évidemment résulter des disparités entre les législations fiscales des Etats membres, le Traité a d'abord posé le principe de la neutralité fiscale dans les échanges intra-communautaires, qui oblige chaque Etat membre à assurer un traitement fiscal identique aux produits nationaux et aux produits similaires importés des autres Etats membres.

Quant au rapprochement des législations nationales, s'il est bien avancé en ce qui concerne la T.V.A., comme il a déjà été indiqué, il est beaucoup plus lent pour les accises (taxes spéciales à la consommation) et seules celles frappant les tabacs ont fait l'objet d'un début d'harmonisation. En vue de parvenir à la suppression des barrières fiscales, la Commission a proposé en juillet 1987 de ne maintenir d'accises que pour trois groupes de produits (tabacs, boissons alcoolisées, essence), et avec des taux uniformes dans tous les pays.

Chapitre VII

LES POLITIQUES COMMUNES

I. — Politique agricole commune

L'agriculture ne pouvait pas être soumise aux dispositions générales d'élargissement du marché sans que des mécanismes propres fussent prévus, en raison de la structure sociale particulière de ce secteur et des conditions très spéciales de la production. On décida donc d'inclure les produits agricoles dans le Marché Commun, parce que la solution contraire aurait créé un grave déséquilibre dès lors que l'industrie était entièrement libérée et soumise à une concurrence élargie. Mais on ne renonça pas pour autant à la préoccupation commune des six Etats fondateurs qui, soucieux de garantir à leurs agriculteurs un certain niveau de revenu en les faisant en partie échapper aux aléas de l'économie de marché, avaient mis en place sous des formes diverses des organisations nationales de marché, c'est-à-dire des mécanismes qui plaçaient la régulation des marchés des principaux produits agricoles sous le contrôle des autorités publiques.

L'article 38 du Traité exprime ce compromis : le Marché Commun s'étend à l'agriculture et au commerce des produits agricoles (§ 1), mais le fonctionnement et le développement du Marché Commun pour les produits agricoles *doivent* s'accompagner de l'établissement d'une politique agricole commune (§ 4). C'était bien reconnaître que la libération des échanges et l'unification du marché, plus encore que dans le domaine industriel, n'étaient pas en matière agricole un simple problème commercial mais véritablement un problème d'intégration, avec une dimension sociale et même proprement politique.

Il en résulte que si les règles générales du Marché Commun sont applicables aux produits agricoles (dont la liste fait l'objet de l'annexe II du Traité), elles pourront cependant connaître dans ce secteur des adaptations ou des dérogations, dans la mesure nécessaire à la satisfaction des cinq objectifs assignés à la politique agricole commune par l'article 39 : accroître la productivité de l'agriculture, assurer un niveau de vie équitable à la population agricole, stabiliser les marchés, garantir la sécurité des approvisionnements et assurer des prix raisonnables dans les livraisons aux consommateurs.

1. **Politique des marchés et politique des structures.** — La politique des marchés consiste à placer un produit ou un groupe de produits sous une *organisation commune de marché* de sorte que, pour tout le territoire de la Communauté, la production et le commerce correspondants obéissent à des règles identiques, fixées par les institutions communautaires. Le Conseil a créé 18 organisations communes de marché, qui couvrent en volume environ 95 % de la production agricole communautaire. Toutes ne présentent pas le même degré d'intégration : certaines ne comportent que des règles communes de concurrence, par exemple des normes de qualité (plantes et fleurs, œufs), alors que d'autres consistent en une véritable organisation européenne du marché et de la production, avec un régime de prix communs (céréales, produits laitiers, sucre, viande bovine). Mis à part quelques produits de moindre importance économique (coton, miel, liège, certains fruits tropicaux), seuls la pomme de terre et l'alcool échappent au système communautaire.

La politique des structures concerne les exploitations agricoles : la Communauté contribue à leur rationalisation et leur modernisation, en remboursant aux Etats une partie des aides qu'ils accordent aux investissements ou en faveur des jeunes agriculteurs (règlement du 12 mars 1985), ainsi qu'au bénéfice des exploitations situées en montagne ou dans des zones

48

défavorisées, qui souffrent de handicaps naturels (directive du 18 avril 1975). La décision a par ailleurs été prise par le Conseil européen de Bruxelles de février 1988 de limiter l'offre de produits agricoles par la mise hors culture des terres (primes aux agriculteurs qui acceptent de laisser une partie de leurs terres en jachère pendant un certain temps), et de favoriser la cessation de l'activité agricole (préretraite).

Ces deux volets de la politique agricole commune sont cependant loin d'être placés sur le même plan, en termes financiers : en 1988, les dépenses de la politique des marchés ont atteint 27 500 millions d'ECUS, alors que celles de la politique des structures n'étaient que de 1 131 millions.

2. Les trois principes fondamentaux de la politique agricole commune. — Selon le *principe d'unité du marché*, le territoire de la Communauté doit être considéré comme un marché intérieur unique, ce qui a une double signification : la liberté de circulation entre les Etats membres pour tous les produits agricoles, et, pour un certain nombre d'entre eux, l'existence de prix communs, identiques au stade de la production et du commerce de gros sur tous les marchés de la Communauté et fixés chaque année par le Conseil. Le mécanisme le plus original est sans doute celui conduisant à la fixation du prix d'intervention, c'est-à-dire l'assurance donnée au producteur qu'il pourra vendre à la Communauté, par l'intermédiaire d'un organisme d'intervention, et à un prix garanti, toute la partie de sa production qu'il n'aura pas réussi à écouler sur le marché. Elément essentiel de la politique de soutien des revenus, l'intervention est plus ou moins efficace selon qu'elle est permanente et porte sur des quantités illimitées (céréales, produits laitiers, viande bovine) (1), ou ne bénéficie qu'à une partie de la production (sucre), ou encore est dépourvue d'automatisme et n'a lieu qu'en vertu d'une décision communautaire (viande de porc, vin) ou des Etats membres (fruits et légumes). Les prix sont fixés en écus, et convertis dans chacune des monnaies nationales au moyen d'un taux représentatif, fixé par le Conseil pour chaque Etat membre (« taux vert ») et qui empêche les variations de la monnaie de se répercuter sur les prix agricoles intérieurs de l'Etat.

Le *principe de la préférence communautaire* consiste à assurer aux produits de la Communauté une préférence commerciale par rapport aux produits des pays tiers, de façon à inciter les

(1) Sous réserve des limitations de la garantie décidées à partir des années 80 pour enrayer la constitution des excédents.

acheteurs à s'approvisionner en priorité sur le marché de la C.E.E., bien que les prix y soient généralement plus élevés que sur le marché mondial. A cet effet, l'importation de certains produits donne lieu à la perception non pas d'un droit de douane mais d'un prélèvement, égal à la différence entre le prix communautaire (prix de seuil) et un prix fixé par la Commission à partir des possibilités d'achat les plus favorables constatées sur le marché mondial, et qui varie par conséquent en fonction des fluctuations des cours mondiaux. Inversement et pour mettre les opérateurs de la Communauté en mesure de participer au commerce mondial, une subvention (restitution) est versée aux exportateurs, qui couvre la différence entre le prix communautaire et le prix mondial, et dont le montant peut varier selon le pays de destination.

Le *principe de solidarité financière* signifie que les Etats membres sont solidairement responsables des conséquences financières des mesures prises dans la mise en œuvre de la politique agricole commune, de sorte qu'il ne saurait normalement y avoir de lien entre les sommes qu'un Etat reçoit de la Communauté au titre de cette politique et celles qu'il verse au budget communautaire (droits de douane et prélèvements payés sur les importations en provenance de pays tiers, fraction de la T.V.A. perçue sur son territoire). Les dépenses dans le secteur agricole sont financées par le Fonds européen d'Orientation et de Garantie agricole (F.E.O.G.A.) : la politique des marchés par la section Garantie (achat des produits offerts à l'intervention, primes diverses aux agriculteurs, restitutions à l'exportation), la politique des structures par la section Orientation. Les opérateurs économiques reçoivent donc pour leurs activités un financement de la caisse communautaire, sans qu'il y ait de concordance avec les sommes qu'ils lui versent eux-mêmes par l'intermédiaire des administrations nationales, ce qui est l'expression profonde de la solidarité.

On peut considérer aujourd'hui qu'en raison du caractère de plus en plus excédentaire de certaines productions agricoles européennes, et de la nécessité de réduire le coût des stocks qui en résultent, un quatrième principe est venu s'ajouter aux précédents, celui de coresponsabilité financière des producteurs. Il consiste à imposer aux agriculteurs de contribuer au financement des mesures nécessaires à l'écoulement des excédents, sous la forme du paiement d'une cotisation à la production (sucre), ou d'un prélèvement de coresponsabilité lorsque la production dépasse un certain seuil (institué en 1984 dans le secteur laitier avec le système des quotas, et en 1986 pour les céréales), ou encore avec la mise en œuvre, décidée par le Conseil européen de Bruxelles de février 1988, de « stabilisateurs » destinés à maîtriser à la fois les quantités produites et les dépenses à prendre en charge par le F.E.O.G.A.

II. — Politique commune des transports

La notion de politique commune est loin d'avoir dans le domaine des transports la même signification et la même portée qu'en matière agricole, en raison de divergences entre Etats membres et d'un manque évident de volonté politique, au point qu'en mai 1985 la Cour de justice a condamné le Conseil pour carence, sur recours du Parlement européen, pour n'avoir pas pris les mesures propres à instaurer la libre prestation des services en matière de transports.

La conception qui se dégage du Traité est d'ailleurs elle-même limitée : les transports sont envisagés du point de vue de la liberté de circulation et de la concurrence, dans la perspective des entraves qu'ils sont susceptibles d'y apporter et qu'il faut éliminer, et non comme un secteur en tant que tel de l'activité économique. Plutôt que d'une politique commune, c'est donc d'une réglementation communautaire des transports, dans une large mesure, qu'il s'est agi jusqu'à présent.

1. **Transports terrestres.** — Pour que les conditions de concurrence soient aussi comparables que possible d'un Etat membre à l'autre, le Conseil a adopté en 1969 un règlement relatif aux obligations de service public imposées aux entreprises de chemin de fer et un autre concernant la durée maximale de conduite dans les transports routiers, tandis qu'une directive de 1976 détermine la formation minimale à exiger des chauffeurs de certains véhicules.

Pour l'accès au marché, les règles d'autorisation de transport ont été uniformisées (par exemple une directive de 1978 sur la réglementation des transports combinés rail-route), et les documents exigés (permis de conduire et certificat de transporteur) font l'objet d'une reconnaissance mutuelle. Les transports routiers de marchandises sont soumis, pour plus des deux tiers de leur volume, à un régime de contingentement, soit des contingents bilatéraux négociés annuellement entre Etats membres, soit un contingent communautaire, fixé par le Conseil depuis 1976 et augmenté chaque année (pour 1988, il comporte 13 500 autorisations). La libéralisation de ce secteur (décidée en juin 1988) consistera en une augmentation annuelle de 40 % du contingent communautaire, ainsi qu'en une réduction progressive des quotas bilatéraux, de sorte que toutes les restrictions quantitatives auront disparu pour 1992.

2. **Transports maritimes et aériens.** — Le traité prévoit expressément que ses dispositions ne s'appliquent qu'aux transports terrestres, et qu'il appartient au Conseil de déterminer si des dispositions doivent être également prises pour la navigation maritime et aérienne. Jusqu'à présent, des mesures de sécurité ont été prises pour les transports maritimes (harmonisation des règles de sécurité exigées des navires pétroliers, obligation de recourir à un pilote dans les couloirs très encombrés de la mer du Nord), et un premier pas vers une politique commune a été fait par le Conseil en décembre 1986 avec l'adoption des règles relatives notamment à la libre prestation des services et à la liberté d'accès au trafic transocéanique.

Les progrès ont été plus rapides pour les transports aériens. Après avoir institué des procédures d'assistance entre Etats membres pour les enquêtes sur les accidents d'aéronefs, et fixé une limite aux émissions sonores des avions, le Conseil a réagi à un arrêt de la Cour de justice qui, en avril 1986, a jugé que les règles de concurrence posées par le Traité étaient pleinement applicables à ce secteur. Une certaine libéralisation est ainsi effective depuis le 1er janvier 1988, qui permet aux compagnies d'accroître leurs parts de marché grâce à un assouplissement des règles sur le partage des capacités, et par la possibilité de créer des vols supplémentaires et de desservir de nouvelles routes.

III. — Politique commerciale commune

Hormis les accords conclus par la Communauté avec des pays tiers (v. chap. X), la politique commerciale commune comprend pour l'essentiel l'application aux importations et aux exportations d'un régime commun.

1. Importations. — Le principal élément du régime est évidemment l'existence du tarif extérieur commun, qui soumet l'importation d'un produit au même droit de douane quel que soit l'Etat membre dans lequel il est importé. Dans le cadre du Conseil de coopération douanière, la Communauté a conclu une convention internationale sur le système harmonisé de désignation et de codification des marchandises, qui est une nomenclature internationale des marchandises. Ce système de classification commerciale unifié au niveau international est mis en œuvre depuis le 1er janvier 1988, ainsi que le Tarif intégré communautaire (T.A.R.I.C.), qui regroupe l'ensemble des régimes douaniers appliqués par la C.E.E. aux importations.

La réglementation communautaire est fondée sur le principe de la libération générale des importations dans la Communauté, c'est-à-dire l'interdiction de toute restriction quantitative, sauf la possibilité pour les Etats membres d'appliquer à certains produits des contingents et un régime spécial sur les importations en provenance des pays à commerce d'Etat et de Chine. Un système commun de défense commerciale a également été adopté, qui permet au Conseil d'instituer des droits antidumping pour lutter contre des importations à des prix faussant la concurrence, et de combattre les pratiques commerciales de pays tiers.

2. Exportations. — Par souci d'unification, les procédures d'exportation ont été harmonisées, de sorte que les obligations à respecter lors de l'accomplissement des formalités douanières d'exportation sont désormais les mêmes dans tous les Etats membres. Le Conseil a aussi fixé les lignes directrices que doivent observer les Etats membres dans l'octroi de crédits à l'exportation (taux d'intérêt minimum, durée du crédit, etc.).

Chapitre VIII

LES POLITIQUES COMPLÉMENTAIRES

I. — La politique sociale

Bien que le Traité lui ait assigné des objectifs ambitieux, tels que l'amélioration des conditions de vie et de travail et l'élévation du niveau de vie, la Communauté a mené jusqu'à présent une politique sociale dont la portée est assez limitée. Conçue initialement comme un simple corollaire des notions de grand marché et d'égalisation des règles de concurrence, elle consiste pour l'essentiel dans l'octroi de concours financiers par l'intermédiaire notamment du Fonds social européen, chargé de « promouvoir à l'intérieur de la Communauté les facilités d'emploi et la mobilité géographique et professionnelle des travailleurs » (art. 123 du Traité). Avec des crédits engagés qui ont atteint 3,15 milliards d'Ecus en 1987 (contre 500 millions en 1976), le Fonds social a surtout financé, dans un premier temps, des opérations de formation ou de réadaptation professionnelles. Ses missions ont été révisées en 1983, afin que 75 % au moins des crédits disponibles soient consacrés à des actions favorisant l'emploi des jeunes âgés de moins de 25 ans, le reste devant bénéficier aux chômeurs, aux handicapés ou aux femmes souhaitant reprendre une activité professionnelle. En outre, 44 % de ses ressources sont affectées au financement d'actions dans les régions défavorisées de la Communauté (Grèce, Irlande, Portugal, Mezzogiorno italien, départements français d'outre-mer).

L'adoption de certaines réglementations a également contribué au développement du progrès social : deux directives de 1975 et 1976 exigent l'égalité entre hommes et femmes en matière de rémunération et d'accès à l'emploi, et une autre de 1980 vise à protéger les travailleurs en cas d'insolvabilité de l'employeur. Des efforts importants ont été aussi faits pour la santé et la sécurité sur les lieux de travail, mais tout cela ne suffit pas à dissiper une impression assez négative, à un moment où la Communauté compte (chiffres de janvier 1988) 16,7 millions de chômeurs, soit un taux de chômage de 10,9 % (avec aux extrêmes l'Espagne — 21,4 % — et l'Irlande — 19,5 % — d'une part, le Luxembourg — 3,5 % — et le Danemark — 6,6 % — d'autre part), contre 6 % aux États-Unis et 3 % au Japon.

La faiblesse du volet social de la C.E.E. a toujours été soulignée, notamment par les syndicats. Elle ne tient pas seulement au caractère malheureusement accessoire conféré initialement, mais aussi aux réelles difficultés à définir les modalités de l'action communautaire dans un domaine où la réalité est profondément différenciée selon les pays.

Aujourd'hui, on se rend mieux compte que les ambitions maintes fois affirmées par la Communauté dans ses principales sphères d'activité — notamment pour les relations extérieures et l'union monétaire — pourront difficilement prendre corps si les pays membres ne sont pas en mesure d'aborder en commun les problèmes de l'emploi dans un monde en mutation et surtout si leur citoyens ne voient pas les signes tangibles et bénéfiques de la présence de la Communauté dans leur vie quotidienne. En septembre 1988, la Commission a adopté une communication sur « la dimension sociale du marché intérieur ».

II. — La politique économique et monétaire

En matière économique comme en matière sociale, l'esprit du Traité est de faire confiance aux vertus propres du grand marché et à la sagesse des institutions communes qui en surveilleront l'application, en créant toutefois un certain nombre de mécanismes compensateurs destinés à faciliter cette application et à l'orienter dans le sens d'une répartition équitable des chances entre les régions.

1. Corrections et sauvegardes. — Les procédures d'harmonisation doivent préparer une politique économique commune en incitant au rapprochement sur les points les plus sensibles. D'autres dispositions du Traité, bien que pouvant avoir un aspect négatif ou de sauvegarde, ont pour but d'assurer la prédominance d'une vue économique d'ensemble et de corriger ainsi l'automatisme relatif des mécanismes propres à l'établissement de l'union douanière. Il s'agit d'abord de la progressivité du Traité et des possibilités de souplesse dans son application, contrepartie nécessaire de son irréversibilité.

Mais le recours à des clauses de sauvegarde peut aussi être nécessaire. En règle générale, la portée comme la nature des mesures à prendre dans le cadre de ces clauses de sauvegarde ne sont pas précisées ; la Commission a le plus souvent la tâche de les fixer par des propositions appropriées. Dans les cas d'urgence, les Etats membres pourront prendre unilatéralement les mesures qui s'imposent, un contrôle des institutions communautaires intervenant ensuite à la majorité qualifiée. Dans les mêmes conditions, des clauses de sauvegarde plus spécifiques permettent de déroger à certaines règles ou objectifs de libération dans le cadre de chapitres particuliers (mouvements de capitaux, de main-d'œuvre, etc.).

2. Le rôle positif de l'union douanière. — Une fois corrigées les disparités initiales, et outre les mesures de sauvegarde qui ont été évoquées, le développement rationnel des activités économiques à l'intérieur de la Communauté repose sur l'existence d'un tarif extérieur commun à l'égard des pays tiers, complété par une politique commerciale commune ; sur l'institution de procédures de consultation et de coordination au niveau le plus élevé ; enfin sur la mise en place de mécanismes communs de solidarité sur le plan des paiements extérieurs et d'investissements sur le plan interne.

L'existence d'un tarif douanier commun constitue un facteur puissant d'égalisation des conditions de la concurrence et des prix de revient pour les entreprises des dix pays. Les prix des matières premières, des demi-produits et des matériels importés seront portés au même niveau. A l'intérieur de ce cadre, les disparités graves dans le développement économique sont moins à craindre. La politique commerciale commune, qui doit tenir compte des intérêts de chacun des pays membres, est de nature à renforcer la cohésion de leurs économies et à promouvoir la recherche d'un équilibre interne des productions et des niveaux de vie.

3. **Les problèmes monétaires intérieurs et extérieurs.** — Si le Traité associe étroitement les Etats membres sur le plan des échanges commerciaux, il n'en laisse pas moins subsister leur autonomie complète dans le domaine monétaire : chaque Etat conserve sa monnaie et reste responsable de l'équilibre de sa balance des paiements. Or il faut bien remarquer que les exigences de la politique monétaire conditionnent étroitement l'attitude d'un Etat à l'égard de son commerce extérieur ; il s'ensuit que, pour permettre un fonctionnement efficace du Marché Commun, une certaine coordination des politiques monétaires est indispensable. Le Traité comporte des objectifs très généraux de stabilité et d'équilibre. La réalisation de ces objectifs peut être

plus délicate. Le Traité prescrit seulement aux Etats membres de coordonner leurs politiques économiques et d'instituer une collaboration entre les services compétents de leurs administrations et entre leurs banques centrales. En outre, il institue un Comité monétaire de caractère consultatif chargé de suivre la situation monétaire et financière des Etats membres et de faire rapport régulièrement aux institutions de la Communauté. Il est également prévu que « chaque Etat membre traite sa politique en matière de taux de change comme un problème d'intérêt commun ».

Les rédacteurs du Traité n'ont pu manquer de prévoir le cas où un Etat, soit en raison de l'établissement du Marché Commun, soit pour d'autres motifs, devrait faire face à des difficultés graves dans sa balance des paiements. Il est prévu qu'après une procédure de constatation de la situation les institutions de la Communauté peuvent accorder à l'Etat membre en difficulté un *concours mutuel* qui peut aller jusqu'à l'octroi de crédits de la part des autres Etats membres.

Après le premier choc pétrolier d'octobre 1973, un règlement du Conseil de février 1975 a prévu la possibilité de prêts de la Communauté aux Etats membres dont les difficultés de balance des paiements sont dues au renchérissement des produits pétroliers.

On a cependant décidé d'aller beaucoup plus loin et la Conférence de La Haye, en 1969, a exprimé la volonté des six pays de créer une véritable Union économique et monétaire. Le Conseil en a fixé les modalités en février 1971, et le Sommet de Paris d'octobre 1972 a fixé le délai de sa réalisation à dix ans à partir du 1er janvier 1971.

1) *L'objectif* est de faire de la Communauté actuelle une zone dans laquelle d'une part tous les facteurs de production circuleront sans entrave et dans laquelle, d'autre part, les politiques économiques seront arrêtées et mises en œuvre en fonction de l'ensemble de cette zone : les décisions seront donc

prises en commun au niveau communautaire et les monnaies nationales seront progressivement liées entre elles. Bien entendu, le transfert de niveau de décision aura des implications institutionnelles : dans sa phase finale, les institutions communautaires devront être en mesure de prendre les décisions qu'exige une gestion efficace de l'union.

2) *La méthode* pour atteindre cet objectif comprend : un plan par étapes, une coordination des politiques à court terme et une collaboration étroite entre les banques centrales des pays membres ; ces dispositions sont complétées par un programme de politique économique à moyen terme et par un mécanisme de concours financier à moyen terme.

Au stade final, les agents économiques pourront développer leur activité à l'échelle communautaire, l'ensemble monétaire sera individualisé au sein du système international et pourvu d'une organisation commune des banques centrales, les institutions communautaires détiendront les pouvoirs nécessaires pour assurer la gestion de l'union. Au cours d'une première étape de trois ans, les politiques économiques à court terme devaient être progressivement harmonisées, les procédures budgétaires nationales coordonnées et de nombreuses mesures de rapprochement adoptées par exemple en matière de fiscalité indirecte, de circulation des capitaux, de politique monétaire, etc. On n'allait cependant pas dépasser cette première étape, dont le bilan fut négatif. La coordination des politiques économiques à court terme a été pratiquement inexistante et les politiques effectivement suivies ne se sont à aucun moment insérées dans les perspectives à moyen terme qui avaient été envisagées. Peut seule être considérée comme un résultat positif la création du Fonds européen de coopération monétaire par décision du Conseil en date du 3 avril 1973. Celui-ci est chargé de faciliter la consultation nécessaire au bon fonctionnement du système de change institué dans la Communauté, la multilatéralisation des soldes résultant des interventions des banques centrales, ainsi que la gestion du financement à très court terme entre ces dernières.

La crise économique a ainsi conduit la C.E.E. à renoncer à la seconde étape de l'union économique et monétaire, qui aurait dû s'achever le 31 décembre 1976.

La hausse sensible du prix du pétrole intervenue à la fin de 1973 et au début de 1974 a eu sur l'économie des pays membres de la Communauté, sur l'évolution de leurs balances des paiements, sur la croissance différenciée de leurs différents secteurs industriels et donc sur l'emploi, des conséquences considérables. Non seulement l'érosion monétaire modérée qui avait heureusement accompagné les débuts du Marché Commun a fait place à une forte inflation, mais elle a aussi amené à un plus grand degré d'incohérence entre les évolutions économiques ou monétaires de chaque Etat membre.

Le « serpent européen », mis en place en avril 1972 afin de maintenir une parité fixe entre les monnaies et de réduire progressivement les marges de fluctuation admises entre elles, a échoué : avec le système des changes flottants, des monnaies comme la livre, la lire ou le franc français, sorties du serpent, n'avaient plus cette parité fixe, qui subsistait au contraire pour les autres. L'objectif d'une monnaie commune s'éloignait donc, et le risque était grand de voir reconsidérer dans une optique purement nationale l'ensemble des domaines qui constituaient l'acquis communautaire.

4. **Le Système monétaire européen.** — Lancé en mars 1979 avec pour objectif d'établir « une coopération monétaire plus étroite aboutissant à une zone de stabilité en Europe », le S.M.E. comporte deux mécanismes essentiels.

La valeur des monnaies, tout d'abord, est définie par rapport à une nouvelle unité de compte, l'Ecu (European Currency Unit), de type « panier », c'est-à-dire composée de quantités spécifiques des monnaies des Etats membres (à l'exception de la peseta espagnole et de l'escudo portugais), déterminées en fonction du P.I.B. et de l'importance du commerce extérieur de chaque pays. La valeur de l'Ecu en monnaie nationale est calculée chaque jour, sur la base des cours de change des monnaies participantes relevés sur chaque place financière. Les Ecus sont émis par le Fonds européen de Coopération monétaire (F.E.C.O.M.), en contrepartie des réserves monétaires que lui confient les Etats membres : chaque Etat doit mettre à sa disposition 20 % de ses avoirs en or et de ses réserves en dollars, dont il reçoit la contrepartie en Ecus. Il peut les utiliser dans ses opérations avec le Fonds ou avec les autres Etats membres (en pratique, les banques centrales ont peu fait usage de cette possibilité). L'Ecu a connu le succès auprès des opérateurs privés, et depuis que la Bundesbank permet son utilisation par les résidents en Allemagne dans la même mesure que celle admise pour les devises (juin 1987), il est reconnu de fait ou de droit par tous les Etats membres.

Le S.M.E. comporte aussi un mécanisme de change : chaque monnaie participante reçoit une définition en Ecus, le taux-pivot, et une marge maximale de flottement (2,25 % en plus ou en moins) est fixée. Si une monnaie menace de dépasser la limite autorisée, la Banque centrale du pays concerné est tenue d'intervenir sur le marché. L'examen du fonctionnement du Système montre que les banques centrales n'attendent pas que les limites d'intervention obligatoires soient atteintes : les quatre cinquièmes de leurs interventions ont été effectuées à l'intérieur des marges de flottement (la plupart en dollars, les autres en marks). La livre sterling, la drachme grecque, la peseta espagnole et l'escudo portugais ne participent pas au mécanisme de change, et l'Italie a obtenu une marge de variation de 6 %.

Il est remarquable qu'un Etat membre ne puisse plus désormais décider unilatéralement une dévaluation ou une réévaluation de sa monnaie : une telle opération prend nécessairement la forme d'un réalignement, décidé par le Conseil. Pendant les neuf premières années de fonctionnement du S.M.E., onze réalignements des cours-pivots ont été décidés.

III. — La politique industrielle

Le traité C.E.E. ne comporte aucune disposition spécifique sur l'industrie, et on ne peut pas dire qu'il existe aujourd'hui une politique industrielle de la Communauté. La Commission s'efforce seulement d'élaborer une stratégie industrielle, en faisant valoir, à travers l'ensemble des politiques existant aux niveaux national et communautaire, les nécessités imposées par la recherche de la compétitivité internationale, et en prenant en compte cette préoccupation dans tous les volets de l'action communautaire. Des réalisations spectaculaires comme l'avion *Airbus* ou la fusée *Ariane* sont le fruit d'une coopération entre Etats, et non d'une politique communautaire.

Sur la base du Traité C.E.C.A., la Commission a déclenché en octobre 1980 l' « état de crise manifeste » dans la sidérurgie, et fixe trimestriellement des quotas de production qui s'imposent aux entreprises. En décembre 1987, le Conseil a limité à quatre catégories de produits le régime des quotas, de sorte qu'au premier trimestre 1988, c'est 50 % de la production sidérurgique de la Communauté qui y est encore soumise (contre 85 % à la fin de 1985).

Des réglementations communautaires existent également à l'égard de la construction navale et de l'industrie charbonnière (notamment un strict encadrement des aides accordées par les collectivités publiques), ainsi que pour le secteur textile-habillement.

IV. — La politique énergétique

La nécessité d'une politique énergétique commune est largement reconnue, à la fois comme manifestation de l'identité propre de la Communauté vis-à-vis de l'extérieur et comme contribution à l'amélioration de sa sécurité d'approvisionnement. En 1985, la production d'énergie primaire de l'Europe des Douze était de 588 millions de tonnes équivalent pétrole et sa consommation intérieure de 1 021 millions ; les échanges se soldaient par 452 millions d'importations nettes, le Royaume-Uni étant le seul Etat membre à être exportateur net (31 millions), grâce à sa production de pétrole brut (122 millions de tonnes, sur un total de 140 millions).

Les divergences d'intérêts étant considérables entre Etats membres, la Communauté n'a pu mettre en œuvre une politique commune et se contente d'actions ponctuelles comme l'institution d'un système d'enregistrement des importations de pétrole ou la participation au financement de travaux contribuant au développement d'énergies nouvelles.

V. — Politique de la recherche et de la technologie

C'est en janvier 1974 que le Conseil a décidé le développement d'une politique communautaire dans le domaine de la science et de la technologie. Les dépenses publiques dans les activités de recherche et développement, qui représentaient en 1979, 0,94 % du P.I.B., ont atteint 1,12 % en 1984, proportion généralement tenue pour largement insuffisante.

L'Acte unique européen prescrit à la Communauté de renforcer les bases scientifiques et technologiques de l'industrie européenne et de favoriser le développement de sa compétitivité internationale. Le Conseil a adopté en septembre 1987 un Programme-cadre de recherche et de développement technologique pour la période 1987-1991, avec un montant de crédits estimés nécessaires de 5,4 milliards d'Ecus.

A côté de recherches propres menées dans son Centre commun de recherche et des travaux sur la fusion thermonucléaire contrôlée effectués par l'Entreprise commune J.E.T. (Joint European Torus), la Communauté a adopté en 1984 le programme « Esprit », par lequel elle espère réduire son retard par rapport aux Etats-Unis et au Japon dans le domaine des nouvelles technologies de l'information.

VI. — Politique régionale

Forte de sa diversité, la Communauté présente en sens inverse d'importantes disparités dans la situation économique des différentes régions qui la composent. Si on compare le produit intérieur brut par habitant aux prix du marché, exprimé en Ecus par rapport à une moyenne C.E.E. égale à 100, on constate qu'il n'est que de 34,3 en Thrace, de 32,4 dans l'Estrémadure espagnole et tombe même à 27,9 au Portugal, alors qu'il atteint 175 en Ile-de-France, 230 à Hambourg ou même 257 dans la région de Groningue.

C'est en 1972 que fut décidée la mise en œuvre d'une véritable politique régionale, qui s'est concrétisée avec l'institution en 1975 du Fonds européen de Développement régional (F.E.D.E.R.) (*infra*, p. 112). Pour la période 1975-1985, les concours du F.E.D.E.R. ont été de 20,67 milliards d'Ecus (dont 16,7 milliards pour les infrastructures), qui ont principalement bénéficié à l'Italie (34 %), au Royaume-Uni (21,5 %), à la France (12 %) et à la Grèce (10 %), ces quatre pays recevant à eux seuls 67 % du total.

Avec l'acte unique européen, la politique régionale fait désormais partie intégrante du Traité, puisque la réduction de l'écart entre les diverses régions et du retard des régions les moins favorisées est présentée comme l'instrument essentiel du renforcement de la cohésion économique et sociale de la Communauté. Le Conseil européen de Bruxelles de février 1988 a décidé à cet effet une réforme des Fonds structurels (F.E.D.E.R., Fonds social européen, F.E.O.G.A.-Orientation), consistant à concentrer leur action sur des objectifs précis et notamment sur le rattrapage des régions en retard de développement, c'est-à-dire celles où le P.I.B. par habitant est inférieur à 75 % de la moyenne communautaire. Les crédits d'engagement des trois Fonds seront doublés en 1993 par rapport à 1987, pour atteindre 14 milliards d'Ecus.

Chapitre IX

LES INSTITUTIONS
ET LEUR FONCTIONNEMENT

I. — Les institutions de la Communauté

L'équilibre institutionnel mis sur pied par le Traité C.E.E. repose sur une attribution de compétences à quatre institutions : un Conseil « formé par les représentants des Etats membres » ; une Commission dont les membres sont « choisis en raison de leur compétence générale et offrant toute garantie d'indépendance » ; une Assemblée « composée de représentants des peuples des Etats réunis dans la Communauté » ; une Cour de Justice. De plus, des organismes consultatifs (Comité économique et social) ont été créés.

Dans la majorité des cas, le pouvoir de décision dans la Communauté Economique Européenne est confié au Conseil des Ministres représentant les gouvernements des Etats membres. Il importait, toutefois, de maintenir la présence et l'action d'une institution indépendante des Etats, à la fois gardienne du Traité et son animatrice. Ceci correspondait certes aux vœux des plus « européens » mais aussi aux soucis des puissances les moins importantes. Ainsi la Commission (équivalent de la Haute Autorité de la C.E.C.A.) jouit de compétences qui équilibrent celles du Conseil et tendent à assurer une collaboration permanente entre l'organe où l'aspect communautaire des problèmes prévaudra et celui qui traduira plus particulièrement les préoccupations nationales des Etats membres.

La Convention de Rome du 25 mars 1957 annexée au Traité a rendu commune aux trois Communautés (C.E.E., Euratom, C.E.C.A.) l'Assemblée parlementaire et la Cour de Justice ; à la C.E.E. et à l'Euratom : le Comité économique et social.

Mais les exécutifs sont restés distincts avec un Conseil propre à chaque Communauté. Progressivement la fusion des exécutifs s'est à son tour imposée et a été réalisée par le Traité de Bruxelles du 8 avril 1965 (entré en application le 1er juillet 1967). Ainsi aujourd'hui les Communautés sont-elles dotées d'institutions communes. Toutefois, jusqu'ici, les Traités, les Communautés, les compétences respectives des institutions restent distincts.

1. **Le Conseil des Ministres**. — Le Conseil est composé d'un représentant du gouvernement de chaque Etat membre. Sa mission est de coordonner les politiques économiques des Etats membres en fonction de celle de la Communauté et d'adopter les règlements, les directives et les décisions les plus importantes.

Dans les cas les plus nombreux, le Conseil statue sur proposition de la Commission (et il ne peut s'écarter de cette proposition qu'à l'unanimité). Le but de ce système qui constitue un trait original du Traité est d'assurer que dans les domaines vitaux du fonctionnement de la Communauté Economique Européenne la Commission, organe communautaire, soit nécessairement à la base des projets sur lesquels seront appelés à se prononcer les représentants des Etats membres.

Le Conseil prend ses décisions à l'unanimité principalement dans les premières étapes du Marché Commun et aussi dans les cas présentant un aspect politique prédominant. Mais c'est la majorité qualifiée qui est le droit commun du Traité notamment lorsqu'il s'agit d'approuver une proposition de la Commission, l'Acte unique européen ayant augmenté la liste des décisions majoritaires en y ajoutant notamment celles relatives à la réalisation du marché intérieur. Dans la Communauté élargie les voix des membres sont affectées de la pondération suivante :

Allemagne, France, Italie, Royaume-Uni....	$4 \times 10 =$	40
Espagne	$8 =$	8
Belgique, Grèce, Pays-Bas, Portugal	$4 \times 5 =$	20
Danemark, Irlande	$2 \times 3 =$	6
Luxembourg	$2 =$	2
		76

Les délibérations sont acquises si elles ont recueilli au moins :
— 54 voix lorsque, en vertu du Traité, elles doivent être prises sur proposition de la Commission ;
— 54 voix exprimant le vote favorable d'au moins huit Etats dans les autres cas.

Les Etats membres les plus grands ne peuvent donc pas imposer à eux seuls leurs vues aux plus petits.

2. La Commission européenne. — La Commission créée par le Traité de Rome était composée de 9 membres. Dans la Communauté élargie, la Commission est composée de 17 membres et ne peut comprendre plus de deux membres ayant la nationalité d'un même Etat.

Les membres de la Commission ne sont pas les représentants des Etats. Ils s'interdisent de recevoir ou de solliciter des instructions des Etats membres et doivent accomplir leurs fonctions « en pleine indépendance dans l'intérêt général des Communautés ».

Ils sont nommés par accord unanime des gouvernements pour une durée de 4 ans, leur mandat étant renouvelable. La Commission est un organe collégial qui prend ses décisions à la majorité simple. En pratique, les membres de la Commission reçoivent chacun la responsabilité particulière d'un grand secteur d'activité de la Communauté.

La Commission dispose de pouvoirs qui peuvent être classés en quatre catégories :

— des pouvoirs de conception et d'initiative : la Commission participe au pouvoir de décision du Conseil par son droit de « proposition » dont les conditions d'exercice ont été exposées ci-dessus ;

— des pouvoirs de décision et d'exécution : la Commission dispose d'un pouvoir de décision propre pour l'exécution des mesures dont le cadre général est déjà fixé par le Traité, soit dans l'exercice des compétences d'exécution que le Conseil lui confère ;

— des pouvoirs de contrôle et de répression : la Commission veille à l'application du présent Traité et surveille son exécution par les Etats membres ;

— des pouvoirs de représentation vis-à-vis du Parlement devant lequel la Commission est responsable, en matière judiciaire, et dans les négociations et les relations avec les pays tiers et les organisations internationales.

Pour accomplir ces tâches, la Commission dispose à Bruxelles et à Luxembourg d'une administration employant plus de 14 000 fonctionnaires.

3. Le Parlement européen. — Composé à l'origine de délégués choisis en leur sein par les parlements des Etats membres, il est depuis 1979 élu au suffrage universel direct. Il comprend 518 membres, chaque Etat ayant droit à 81 sièges (Allemagne, France, Italie, Royaume-Uni), 60 (Espagne), 25 (Pays-Bas), 24 (Belgique, Grèce, Portugal), 16 (Danemark), 15 (Irlande) ou 6 (Luxembourg).

Le Parlement exerce un pouvoir de « délibération » et de « contrôle ». Il est, avec le Conseil, l'autre branche de l'autorité budgétaire, et peut notamment refuser de voter le projet de budget arrêté par celui-ci (ce qu'il a fait à plusieurs reprises). Il discute le rapport annuel que lui soumet la Commission. Il peut poser des questions écrites ou orales à la Commission et renverser celle-ci par le vote d'une motion de censure. Il donne, dans tous les cas où le Traité le prévoit, un avis préalable aux décisions que doit prendre le Conseil, l'Acte unique ayant en outre institué une procédure de coopération pour associer plus largement le Parlement au pouvoir législatif.

4. **La Cour de Justice.** — La Cour de Justice est composée de 13 juges et de 6 avocats généraux. Elle a pour mission générale d'assurer « le respect du droit dans l'interprétation et l'application du Traité ».

A ce titre elle connaît des litiges entre les Etats membres et les organes de la Communauté ou des recours des organes de la Communauté entre eux-mêmes.

La Cour de Justice ne doit pas être considérée comme une juridiction internationale. Elle est la juridiction interne de la Communauté conçue à l'image des juridictions étatiques et notamment de la juridiction administrative française, tant par la personne de ses justiciables que par sa compétence, la nature des contentieux qui lui sont soumis, la procédure selon laquelle elle statue.

5. **La Cour des comptes.** — Créée par le traité du 22 juillet 1975 entré en vigueur le 1er juin 1977, la Cour des comptes comprend 12 membres et a pour mission d'assurer le contrôle des comptes. Elle est notamment compétente pour examiner les comptes de la totalité des recettes et des dépenses de tout organisme créé par la Communauté, sur pièces et au besoin sur place, auprès des institutions communautaires et dans les Etats membres.

Elle établit un rapport annuel et le fait publier au *Journal officiel*, accompagné des réponses des institutions.

6. La Banque européenne d'Investissement. — Institution de droit public autonome créée par l'article 129 C.E.E., la B.E.I. accorde des prêts à long terme ou des garanties, aussi bien à des entreprises qu'à des collectivités publiques ou des instituts de financement, pour financer des investissements. Chacun des Etats membres a souscrit pour une quote-part au capital de la Banque, qui est de 28,8 milliards d'Ecus. Elle recueille la plupart des fonds nécessaires à l'accomplissement de sa mission par des emprunts sur les marchés de capitaux nationaux et internationaux.

7. Les organes consultatifs. — Le Comité économique et social a pour mission de représenter les « différentes catégories de la vie économique et sociale ». Le Comité comprend 189 membres (24 pour l'Allemagne, la France, l'Italie, la Grande-Bretagne, 21 pour l'Espagne, 12 pour la Belgique, la Grèce, les Pays-Bas et le Portugal, 9 pour le Danemark et l'Irlande, 6 pour le Luxembourg). Ses membres sont nommés pour une durée de 4 ans renouvelable, par le Conseil sur présentation des Etats et en tenant compte de la nécessité d'assurer une « représentation adéquate » aux différentes catégories économiques et sociales. Le Traité prévoit un certain nombre de circonstances où la consultation du Comité est obligatoire. Mais le Conseil et la Commission peuvent toujours lui demander un avis lorsqu'ils le jugent opportun. Depuis 1973 le Comité peut présenter des avis de sa propre initiative.

De nombreux organismes consultatifs de caractère technique ont été créés, soit par le Traité, soit par le Conseil ou la Commission à mesure que la construction européenne en faisait apparaître la nécessité. Ils sont composés de représentants des Etats membres et de la Commission selon une composition variable selon les Comités. On peut citer parmi ces organismes : le Comité monétaire, le Comité consultatif des transports, le Comité de politique conjoncturelle, le Comité de politique économique à moyen terme, le Comité de politique budgétaire, le Comité des gouverneurs des Banques centrales, ainsi que les comités de gestion et les comités de réglementation en matière agricole.

II. — Le fonctionnement des institutions

1. Il était inévitable que la pratique du fonctionnement de la Communauté ne corresponde pas en tous points à ce qui avait été prévu dans le Traité. C'est ainsi qu'en quelques années (notamment depuis 1966) le Conseil a renforcé sa prépondérance et s'est affirmé, tantôt en tant qu'organe communautaire, tantôt en tant que « concert » des Etats, comme le seul centre effectif de pouvoir au sein du système. Cette évolution n'a pas brisé l'association organique voulue par les Traités entre le Conseil et la Commission qui constitue le mécanisme moteur des Communautés, mais en a changé la nature, et la Commission a vu s'affaiblir sa fonction politique au détriment du Conseil. Plusieurs facteurs illustrent cette modification de l'équilibre institutionnel originaire :

— La crise institutionnelle du deuxième semestre 1965 entre la France et ses cinq partenaires s'est terminée par le compromis de Luxembourg de janvier 1966, la délégation française estimant que « lorsqu'il s'agira d'intérêts très importants la discussion devra se poursuivre jusqu'à ce que l'on soit parvenu à un accord unanime ». La conséquence a été qu'en pratique, à tous les niveaux, celui des experts ou celui des ministres, la règle de l'unanimité s'est généralisée. Le pouvoir d'initiative de la

Commission s'en est trouvé infléchi puisqu'il s'agit pour elle de rechercher des solutions propres à recueillir l'unanimité. Le processus de décision communautaire s'est considérablement alourdi. L'exigence de l'unanimité avait d'ailleurs été réclamée (et obtenue) pour la première fois en 1962-1963 par l'Allemagne lors de la définition de la politique agricole commune en ce qui concerne la fixation des prix. Le souci de ne pas faire un usage abusif de l'accord de Luxembourg préoccupait cependant de plus en plus les responsables des Etats membres et en 1982, pour surmonter l'opposition du Royaume-Uni, les prix agricoles avaient été fixés à la majorité. C'est cette préoccupation que traduit l'Acte unique, en augmentant les cas de décisions majoritaires du Conseil.

— Allant dans ce même sens de l'accentuation de la prépondérance du Conseil dans le fonctionnement de la Communauté, on ne peut passer sous silence le rôle croissant joué par le Comité des représentants permanents (COREPER). Ce Comité officiellement créé par le Traité de fusion de 1965 est composé de représentants permanents des Etats membres qui ont rang et prérogatives d'ambassadeurs. Le COREPER prépare les décisions du Conseil et dispose, en fait, sinon en droit, de pouvoirs propres (la procédure dite des « points A » permet aux Représentants permanents, d'accord entre eux et avec la Commission, de proposer au Conseil une adoption sans discussion).

— Au cours des dernières années, la pratique a suscité l'apparition au plus haut niveau d'un organe de fait extracommunautaire mais appelé à jouer un rôle essentiel pour l'avenir de la construction européenne : les conférences au sommet, qui réunissent les chefs des Exécutifs des Etats membres. Ce Conseil européen, selon l'appellation retenue désormais, se réunit normalement trois fois par an. Du point de vue juridique, il est difficile de le considérer autrement que comme une formation spéciale du Conseil des Ministres, présentant simplement la particularité de rassembler les « premiers » ministres (sous réserve de ce que la France y est également représentée par le Président de la République). Le Conseil européen n'a pas joué le rôle d'impulsion qu'on pouvait en attendre, et a été incapable de surmonter certains blocages (par exemple le Conseil réuni à Athènes en décembre 1983), mais il a parfois facilité le règlement de problèmes délicats, comme l'élection du Parlement au suffrage universel direct ou la participation du Royaume Uni au budget communautaire. Celui de Bruxelles de février 1988 a permis l'adoption du plan de la Commission pour la mise en œuvre de l'Acte unique.

2. Le rôle du Parlement européen constitue un deuxième thème pour lequel la pratique du fonctionnement des institutions communautaires a mis en lumière progressivement un certain nombre d'interrogations nouvelles.

En effet les auteurs des Traités n'ont pas fait à l'Assemblée une très large place parmi les institutions communautaires. La faiblesse des pouvoirs du Parlement européen ajoutée aux baisses de tension de l'esprit communautaire n'ont pas contribué à améliorer son efficacité ou son impact sur l'opinion publique.

Le Traité du 21 avril 1970 qui prévoit le financement de la Communauté par des « ressources propres » a été l'occasion de poser le problème du renforcement de ses pouvoirs notamment en matière budgétaire. En effet, le contrôle budgétaire fait partie des principales prérogatives d'un Parlement et il était dans la logique démocratique que le développement de l'action communautaire qui entraîne nécessairement une certaine dépossession parlementaire du plan national trouve une compensation au plan européen.

Le Traité de Luxembourg du 22 avril 1970 a donc accru les compétences budgétaires du Parlement européen ; le dernier mot revient ainsi au Conseil pour les dépenses obligatoires (dont le montant représente environ 75 % du budget), mais au Parlement pour les dépenses non obligatoires sauf dépassement d'un taux maximal d'accroissement. Le Parlement peut en outre, à la fin de la procédure budgétaire et en cas d'objections graves, rejeter globalement le projet de budget, en statuant à la majorité de ses membres et des deux tiers des suffrages exprimés.

Au terme de trente ans de fonctionnement des institutions créées par le Traité de Rome, on ne peut manquer d'être frappé par la vigueur des controverses qu'elles inspirent et par le caractère inachevé, voire ambigu, de l'entreprise. En février 1984 le Parlement européen avait relancé le débat en adoptant un projet de « Traité d'Union européenne », pour transformer les relations entre les Etats membres et accentuer les éléments de type fédéral dans la structure communautaire. Mais c'est finalement l'Acte unique européen qui devait être adopté en février 1986, sans nul doute la plus importante modification du Traité de Rome tout en demeurant en retrait par rapport au vœu parlementaire.

Chapitre X

LES RELATIONS AVEC LES PAYS TIERS

La constitution d'un ensemble économique aussi considérable que la Communauté ne pouvait pas ne pas soulever de réactions des autres pays, qu'ils appartiennent au monde industrialisé ou au Tiers Monde. Le problème des relations entre la Communauté et le reste du Monde est resté posé en permanence. Sous des apparences commerciales ou techniques, c'est en fait la justification même de la Communauté qui est en cause : a-t-elle le droit de s'unir pour créer une entité distincte, ou s'agit-il seulement d'une opération de libéralisme international ? L'élargissement de la Communauté en renforçant son poids apparent ou potentiel économique et commercial a même contribué à relancer le débat.

Plus qu'aucune autre grande puissance économique, la Communauté est dépendante du commerce extérieur.

	1987	
	En milliards d'Ecus	Part dans le commerce total de la Communauté
Importations extra-Europe des Douze............	339,4	41,13 %
Exportations extra-Europe des Douze	339,1	41,09 –

1. Les réactions des pays tiers. — Le Traité n'était pas enco.. ratifié que se posait la question de la zone européenne de libre-échange, projet britannique étendant au sein de l'O.E.C.E. à dix-sept pays les mécanismes commerciaux internes du Marché Commun, mais sans les obligations économiques et politiques que celui-ci comporte.

C'était là pour l'avenir du Marché Commun, son rôle de moteur et ses développements politiques, un risque : celui de voir les imperfections ou lacunes du mécanisme à dix-sept (détournement de trafic, contrôle de l'origine, exclusion de l'agriculture, absence de politique commune...) se traduire par des difficultés à l'intérieur des Six et, partant, empêcher leur propre intégration. Mais il s'y ajoutait aussi un malentendu qui tenait à l'essence même de la construction que peut représenter le Marché Commun : certains n'y voulaient voir qu'un arrangement de caractère commercial qu'il était facile de réintroduire dans un autre arrangement de caractère commercial plus large. Le débat a été intéressant en ce sens que, au-delà des difficultés de pure technique propres au projet, il a manifesté nettement cette opposition entre deux conceptions qui se faisaient jour non seulement chez les partenaires des Six, mais aussi parfois chez les Six eux-mêmes : une conception limitée de la coopération européenne, se traduisant notamment par le souci, d'ordre négatif, d'éviter des différences de traitement tarifaire ou, plus généralement, tout changement dans les courants d'échanges ; et une autre voyant dans les dispositions tarifaires et commerciales une base, une occasion, un signe extérieur d'une volonté de solidarité beaucoup plus profonde, et sans doute à plus long terme.

En dehors des Etats-Unis, qui avaient parfaitement saisi ce sens à long terme de la tentative des Six, et à l'époque la soutenaient sans réserve, il faut reconnaître que la majorité des pays tiers eurent des réactions analogues à celles des voisins les plus immédiats du Marché Commun : crainte de changement dans les courants d'échanges, crainte de voir, en raison de la moyenne arithmétique, les tarifs de certains pays grands importateurs se relever (en oubliant que les tarifs des pays les plus protecteurs baisseraient), défiance à l'égard de mécanismes dont on ne voyait que l'aspect préférentiel, inquiétude devant un mouvement qui mélangeait l'économie et la politique dans une proportion obscure en vue de résultats imprévisibles. L'association des territoires d'outre-mer, partie du Traité, attirait en outre les critiques des pays en voie de développement, soit pour des motifs politiques au nom du non-engagement, soit pour des motifs commerciaux de la part de producteurs concurrents de produits tropicaux.

En mars 1959, la Commission européenne publiait un mémorandum reprenant l'ensemble des problèmes de politique étrangère posés au Marché Commun. Elle y définissait notamment les positions suivantes :

— une intégration économique étendue à d'autres pays suppose de la part de ceux-ci l'acceptation de certains principes et engagements ;
— à défaut d'un tel accord à long terme, possibilité d'améliorer les relations commerciales du Marché Commun avec tous les pays, notamment ses voisins européens, par une politique libérale réciproque ;
— unité de l'attitude commerciale du Marché Commun vers l'ensemble des pays tiers, sur le plan mondial. Sur ce plan la Communauté doit jouer un rôle de plus en plus actif ; à ce titre, son dynamisme et même son renforcement sont essentiels.

2. **La politique libérale.** — En novembre 1959 fut créée à Stockholm, sous l'influence britannique, la « petite zone de libre-échange », qui regroupait sept pays européens non membres du Marché Commun (Danemark, Norvège, Portugal, Royaume-Uni, Suède, Suisse, plus un pays associé, la Finlande). Outre la recherche d'avantages propres, cette Convention révélait certaines craintes commerciales, pourtant peu fondées puisque le Tarif douanier commun avait été établi à un niveau modéré (le taux moyen pondéré de son application était de 7,4 %, et la moyenne pondérée était inférieure à

celle du tarif britannique, de 5 points pour les biens d'équipement et de 2 points pour les autres produits industriels). Surtout d'importantes réductions tarifaires furent effectuées sur certains postes dans le cadre de l'approbation du tarif commun par les Partie contractantes du G.A.T.T. La Communauté était même désireuse d'aller plus loin et de s'engager dans des négociations tarifaires générales qui, par des baisses réciproques, réduiraient les problèmes ou dissiperaient les craintes des pays tiers, notamment des voisins européens. Les *négociations Dillon* aboutirent ainsi en 1962 à des réductions des tarifs de l'ordre de 20 %, le *Kennedy Round* en 1967 à des réductions de droits de douane de 35 à 40 % (les concessions étant intégralement mises en application au 1er janvier 1972), et le *Tokyo Round* en 1979 à une nouvelle diminution des tarifs industriels d'un tiers.

A la suite des négociations du *Kennedy Round*, fut également conclue en 1967 une convention internationale relative à l'*aide alimentaire*, au titre de laquelle la Communauté et les Etats membres s'engageaient à fournir aux pays en voie de développement une certaine quantité de céréales par an. Renouvelé périodiquement depuis et complété après l'élargissement de la Communauté, cet engagement permet de livrer, outre des céréales, des produits laitiers, du sucre et de l'huile végétale ; le montant de l'aide alimentaire atteint 572 millions d'Ecus dans le budget de 1987 (1,58 %).

D'autre part, la deuxième session de la C.N.U.-C.E.D. avait demandé, par une résolution adoptée en 1968, que les pays industrialisés accordent à l'ensemble des P.V.D. un régime préférentiel pour leurs exportations de produits transformés, et que cette préférence consiste, autant qu'il serait possible, en une suspension totale des droits de douane et des restrictions quantitatives.

La Communauté a été l'un des premiers partenaires économiques développés à accorder un tel régime dit de *préférences généralisées* à partir du 1er juillet 1971. Ce régime est accordé d'une façon autonome ; il doit être renouvelé chaque année civile et comporte la liste des pays reconnus comme bénéficiaires par la Communauté (en pratique tous les pays du « groupe des 77 » qui sont maintenant plus de 120). Ces préférences concernent la quasi-totalité des produits industriels et un certain nombre de produits agricoles transformés. Pour les produits industriels, un régime complexe de plafonds et de butoirs permet de répartir les avantages concédés entre les pays bénéficiaires et d'éviter un bouleversement des marchés de ces produits.

Cette politique n'a pas désarmé tous les reproches, notamment des Etats-Unis. A partir de 1972 les points de friction et de tension avec les Etats-Unis sont même devenus tellement nombreux qu'on a pu considérer que les Etats-Unis entendaient bien désormais dissocier le principe politique de leur appui à l'objectif théorique de l'union de l'Europe et la défense intransigeante de leurs intérêts économiques, chaque fois qu'ils estiment que l'intégration pratique des pays européens les met en cause.

Les accusations américaines portent principalement sur la politique agricole commune (1), la conclusion par la Communauté d'accords d'association et d'accords commerciaux portant établissement de zones de libre-échange et d'unions douanières. Dans ce dernier domaine, la politique de la Communauté à l'égard des pays du Bassin méditerranéen a particulièrement retenu l'attention. A l'issue d'un contentieux qui portait sur le commerce des agrumes et des pâtes alimentaires, les Etats-Unis ont cependant pris en août 1987 l'engagement

---

(1) En janvier 1987 par exemple, les Etats-Unis ont obtenu de la Communauté l'assurance de pouvoir exporter pendant quatre ans une certaine quantité de maïs sur le marché espagnol, en contre-partie de l'inconvénient résultant pour eux de l'obligation pour l'Espagne, devenue membre de la C.E.E., d'appliquer le principe de la préférence communautaire.

de ne plus contester au titre du G.A.T.T. les accords préférentiels de la Communauté avec les pays méditerranéens.

Enfin, en 1972, la Communauté s'est déclarée disposée à promouvoir une politique de coopération avec les pays de l'Est européen, et conclut avec cinq d'entre eux des accords sectoriels. En 1988, le Conseil d'assistance économique mutuelle (C.A.E.M., ou Comecon) et la C.E.E. ont signé une « Déclaration conjointe » établissant des relations officielles entre les deux organisations, et l'ouverture de relations diplomatiques a été demandée par l'U.R.S.S., la R.D.A., la Tchécoslovaquie et la Bulgarie.

3. Les politiques contractuelles. — La Communauté, dès l'origine, a cherché à établir une politique spécifique et contractuelle notamment vis-à-vis de certains groupes de pays en voie de développement, complément nécessaire de toute approche « mondiale ». L'année 1973 témoigne probablement de la pertinence d'une telle politique orientée non pas seulement vers l'accroissement des échanges commerciaux mais également sur le développement d'une véritable coopération économique et notamment industrielle entre ensembles de niveaux de développement différents.

a) *L'association des Etats africains et malgache.* — Cette association trouve son origine dans la quatrième partie du Traité de Rome qui prévoit d'associer à la Communauté les pays et territoires non européens entretenant avec la Belgique, la France, l'Italie et les Pays-Bas des relations particulières. Il s'agissait, en créant une union douanière en Europe, de ne pas pénaliser ces pays et territoires, mais aussi de jeter les bases d'une coopération à long terme entre l'Europe et l'Afrique.

Après l'accession à l'indépendance, au cours de la première convention d'application (1958-1963), et la plupart de ces pays et territoires situés presque tous en Afrique, l'association inaugurée en 1958 prenait cette dimension politique nouvelle. En fait, à l'exception de la Nouvelle-Guinée et de la Guinée, tous les Etats parvenus à l'indépendance décidèrent de conserver des liens privilégiés avec l'Europe.

C'est ainsi que fut signée à Yaoundé, le 20 juillet 1963, la première convention d'association entre la Communauté Economique Européenne et les 18 Etats africains et malgache candidats (E.A.M.A.). Cette convention a été renouvelée à son terme par un nouvel accord signé à Yaoundé le 29 juillet 1969 (1).

Les pays intéressés étaient les suivants : Burundi, Cameroun, République centrafricaine, République démocratique du Congo. Côte-d'Ivoire, Dahomey (devenu Bénin), Gabon, Haute-Volta (devenue Burkina-Fasso), Madagascar, Mali, Mauritanie, Niger, Rwanda, Sénégal, Somalie, Tchad, Togo et Zaïre auxquels s'est jointe en 1973 l'île Maurice.

Les conventions de Yaoundé contenaient des dispositions institutionnelles organisant la mise en œuvre et le contrôle de la politique de l'association sur une base de parité :

— Sur le plan commercial, une zone de libre-échange entre la Communauté et chacun des pays ou territoires associés est établie pour la plupart des produits, sauf certains produits agricoles relevant de la politique agricole commune ; d'autre part des dispositions particulières sont prévues pour permettre aux E.A.M.A. de protéger éventuellement leur économie et leur industrie naissante.

— Dans le domaine de la coopération financière et technique, il est constitué, par des contributions des Etats membres de la communauté, un Fonds Européen de Développement. Celui-ci finance, principalement par dons, des investissements dans les divers domaines de l'infrastructure, de la diversification des productions agricoles, de l'industrialisation, de l'équipement scolaire et social des Etats associés.

L'association entre les E.A.M.A. et la Communauté a pris progressivement un caractère qui dépasse de beaucoup la simple mise en œuvre d'une aide technique et financière et de mesures commerciales préférentielles, traduisant ainsi une véritable option politique de développement de relations privilégiées entre l'Europe et l'Afrique au sud du Sahara.

C'est pourquoi le Traité d'adhésion de la Grande-Bretagne à la Communauté avait prévu dans son protocole n° 22 l'élargissement de l'association à d'autres pays, compte tenu des relations particulières du Royaume-Uni avec les pays du Commonwealth dans une situation comparable à celle des E.A.M.A. Des négociations entre la Communauté élargie et 45 pays d'Afrique, des Caraïbes et du Pacifique (2) (A.C.P.)

(1) L'association parallèle des autres pays et territoires d'outre-mer entretenant encore des relations particulières avec certains Etats membres (départements et territoires d'outre-mer français et néerlandais) a fait l'objet de décisions du Conseil des ministres respectivement en juillet 1963 et en septembre 1969.

(2) En plus des 18 E.A.M.A. et de l'île Maurice, les A.C.P. comprennent : la Gambie, le Ghana, le Nigeria, la Sierra Leone, l'Ouganda, le Kenya, la Tanzanie, la Zambie, le Malawé, le Botswana, le Lesotho, le Swaziland ; 5 pays africains n'appartenant pas au

ont abouti, le 28 février 1975, à la signature à Lomé d'un accord de coopération pour cinq ans. Le contenu de la Convention de Lomé reprend largement les structures des Conventions de Yaoundé : régime privilégié d'échanges commerciaux — l'élément de réciprocité qui subsistait dans la Convention de Yaoundé est supprimé —, aide financière importante de 3,4 milliards d'U.C., coopération technique et industrielle, institutions à caractère paritaire. En outre, un système de stabilisation des recettes d'exportation des produits de base (Stabex) est mis en œuvre et apporte aux A.C.P. une sorte d'assurance contre les chutes brutales des cours (il s'agit là d'un système qui constitue un élément tout à fait nouveau dans les relations entre pays industrialisés et pays en voie de développement).

Signée le 8 décembre 1984 et entrée en vigueur le 1er mai 1986, la Convention de Lomé III intéresse 66 pays A.C.P. (1). La dotation financière du sixième F.E.D. est de 8,5 milliards d'Ecus et celle du Stabex de 925 millions.

b) *Les pays du Bassin méditerranéen*. — Le Bassin méditerranéen représente, pour la Communauté, une zone de relations privilégiées tant pour des raisons géographiques, historiques ou politiques que pour des raisons strictement commerciales ou économiques.

Dès les années 60, la Communauté a entrepris l'établissement de relations préférentielles avec les pays du Bassin méditerranéen sous forme d'accords d'association (Grèce, Turquie, Maroc, Tunisie, Malte, Chypre), d'accords commerciaux préférentiels (Espagne, Portugal, Israël, Liban, Egypte), ou d'accords non préférentiels (Yougoslavie).

Au cours des années 1972 et 1973, la Communauté a cherché à ordonner, dans le cadre d'une approche globale envers les pays du Bassin méditerranéen, la mosaïque des accords conclus qui, en tout état de cause, devaient être revus en raison du nouvel équilibre que leur apportait l'élargissement de la Communauté. Cette approche globale dépasserait le domaine des échanges et établirait des relations avec tous les pays riverains de la Méditerranée (également la Jordanie). Des accords de

Commonwealth : l'Ethiopie, le Soudan, le Liberia. la Guinée équatoriale ; les îles de la Caraïbe : Jamaïque, Trinidad et Tobago, Barbade, Bahamas, Grenade, Etats associés de la Caraïbe ; 3 pays du Pacifique : Fidji, Tonga, Samoa occidental. 11 autres Etats ont accédé par la suite à la Convention : Bénin, Cap-Vert, Comores, Djibouti, Guinée, Guinée-Bissau, São Tomé e Principe, Seychelles, Papouasie - Nouvelle-Guinée, îles Salomon, Tuvalu.
(1) En plus des 57 A.C.P. de Lomé I : Kiribati (ex-îles Gilbert), Saint-Vincent et Grenadines, Vanuatu (ex-Nouvelles-Hébrides), Zimbabwe (ex-Rhodésie), Bélize (ex-Honduras britannique), Antigua et Barbude, Angola, Mozambique, Dominique.

coopération avec les pays du Maghreb ont été conclus en 1976, comprenant coopération commerciale, économique, technique, financière, sociale et institutionnelle, ainsi qu'avec ceux du Machrek et avec Israël en 1977. En application de protocoles financiers, ces pays (Algérie, Maroc, Tunisie, Egypte, Jordanie Liban, Israël) ont reçu de la Communauté une aide de 1 milliard d'Ecus pour la période de 1981-1986, portée à 1,6 milliard pour 1986-1991. En outre, l'accord non préférentiel de 1973 avec la Yougoslavie a été remplacé en 1980 par un accord de coopération.

c) *Le reste du monde*. — Avec l'Amérique latine, des accords non préférentiels ont d'abord été conclus entre 1971 et 1980, soit commerciaux (Argentine, Uruguay), soit de coopération économique et commerciale (Brésil, Mexique). Un accord de coopération a été signé en 1983 avec les pays du Groupe andin (Bolivie, Colombie, Equateur, Venezuela), entré en vigueur en 1987. Un accord de coopération commerciale, économique et de développement a été signé en 1985 avec les pays du Marché commun d'Amérique centrale (Costa Rica, El Salvador, Guatemala, Honduras, Nicaragua) et le Panama, en vigueur également depuis 1987. En Asie, un accord non préférentiel de coopération lie la Communauté depuis 1980 à l'Association des Nations du Sud-Est asiatique (Indonésie, Malaisie, Philippines, Singapour, Thaïlande), et d'autres au Bengladesh, à l'Inde, au Pakistan et à Sri Lanka. Un accord commercial non préférentiel a été conclu en 1978 avec la Chine, remplacé en 1985 par un accord de coopération commerciale et économique, auquel il faut ajouter une série d'accords sur le commerce des produits textiles (Hong-kong, Corée du Sud, Singapour, etc.). Il existe un accord avec un pays industrialisé, le Canada (accord-cadre non préférentiel de coopération de 1976), et la Communauté conclut en 1988 un accord de coopération avec le Conseil de Coopération du Golfe (qui regroupe l'Arabie saoudite, le Koweit, le Qatar, Barhein, les Emirats arabes unis et Oman).

4. **L'A.E.L.E.** — Parallèlement aux demandes d'adhésion, plusieurs pays européens, membres de l'A.E.L.E., ont fait connaître leur désir d'entrer en négociation avec la Communauté en vue d'établir avec elle des relations particulières. La perspective de l'élargissement amenait ainsi la Communauté à envisager le problème plus complexe de l'organisation économique d'une grande partie de l'Europe.

Lors de la Conférence de La Haye, le 1er décembre 1969, les chefs d'Etats et de gouvernements de la Communauté avaient décidé, « dès que les négociations avec les pays candidats se seront ouvertes, des discussions seront entamées avec les autres pays membres de l'A.E.L.E. qui leur demanderont sur leur position par rapport à la C.E.E. ». Dans cette perspective, la Communauté a estimé qu'il convenait d'éviter le rétablissement de barrières douanières entre les pays membres de l'A.E.L.E. qui adhéreraient à la Communauté et ceux qui, pour différentes raisons, ne souhaitaient pas en devenir membres.

Parmi ces pays, certains comme l'Autriche et la Finlande étaient, en raison d'engagements internationaux, dans l'impossibilité d'adhérer aux Communautés ; d'autres, comme l'Islande et le Portugal, posaient à la Communauté le problème de ses relations avec des pays européens moins développés. Mais la Suisse et la Suède répondaient parfaitement aux critères des pays pour lesquels l'adhésion paraissait la voie normale de rapprochement avec la Communauté et d'unification européenne.

Le problème était donc de savoir s'il était possible que des pays profitent de tous les avantages de la Communauté sans en faire réellement partie et, dans la négative, s'il était sage de couper les liens nombreux que ces pays avaient tant avec la Communauté qu'avec ses nouveaux adhérents.

La Communauté est sortie de ce dilemme, en concluant avec ces différents pays des accords (signés le 22 juillet 1972 pour l'Autriche, la Finlande, l'Islande, le Portugal, la Suède et la Suisse, et le 14 mai 1973 pour la Norvège) qui établissent le libre-échange des produits industriels, sous réserve de mécanismes de sauvegarde et du maintien de l'autonomie de la Communauté (1), accords adoptés en 1986 suite à l'adhésion de l'Espagne et du Portugal. Par la « déclaration de Luxembourg » d'avril 1984, les ministres des Affaires étrangères de la Communauté et des pays de l'A.E.L.E. ont décidé de renforcer leur coopération dans le cadre et au-delà des accords existants.

5. **Les perspectives.** — Depuis les débuts du Marché Commun (et même avant) le problème des relations de la Communauté avec les autres pays du Monde a eu une importance capitale, l'emportant souvent sur les problèmes internes. Rapports avec les Etats-Unis, avec l'Europe de l'Est, avec le Tiers Monde, avec les voisins européens, avec les

(1) Les échanges de produits industriels sont complètement libres depuis le 1ᵉʳ janvier 1984, entre ces pays et les Etats membres de la Communauté.

riverains de la Méditerranée, avec le Japon, n'ont cessé d'être discutés avec les partenaires et entre les Etats membres.

Dans certaines enceintes, la Communauté s'est présentée avec un porte-parole unique (négociations commerciales multilatérales). Dans d'autres cas, elle a coordonné les positions de ses Etats membres (Conférence sur la sécurité et la coopération en Europe). Dans d'autres cas enfin, elle s'est présentée en ordre dispersé (3e C.N.U.C.E.D., Conférence des Nations-Unies sur les matières premières, avril 1974). Pour sa propre part, la Communauté a tenté de prendre certaines initiatives (Conférence euro-arabe) sans manifester toujours beaucoup de continuité dans ses entreprises.

Les travaux poursuivis dans le cadre de la coopération politique à partir de 1971 entre les dix pays de la Communauté (déclarations relatives au Moyen-Orient, soutien au Royaume-Uni lors de l'invasion des îles Falkland par l'armée argentine en 1982) témoignent d'une première tentative de réflexion commune institutionnalisée. Les interférences entre les politiques monétaires, les politiques commerciales, les politiques industrielles et technologiques, les politiques de défense sont devenues telles que la notion d'une politique « commerciale » commune est irréaliste si elle n'est pas un élément d'une politique extérieure générale et cohérente.

C'est cette préoccupation qui inspire l'Acte unique, lequel prescrit aux Etats membres de mettre en œuvre en commun une politique étrangère européenne. Il fait notamment d'une coopération étroite sur les questions de sécurité un facteur essentiel de l'identité européenne en matière de politique extérieure. L'inclusion des problèmes de défense dans le champ de la coopération politique traduit une importante évolution des mentalités, liée évidemment aux accords entre Etats-Unis et Union soviétique sur la réduction des armes nucléaires des deux grandes puissances et la perspective de leur disparition du théâtre européen.

Il n'y a d'ailleurs pas de problèmes qui soient seulement « extérieurs ». Discuter à six ou à douze d'un nouvel ordre monétaire international et de la place ou du rôle qu'y pourrait jouer la Communauté européenne ; définir ce que devrait être l'Alliance atlantique, quelle place, quel rôle la Communauté européenne doit ou ne doit pas y avoir ; évoquer le statut des sociétés multinationales ; parler de coopération avec l'Est ; c'est aussi de la politique intérieure, et, plus simplement encore, de la politique.

TROISIÈME PARTIE

LES RÉSULTATS
DU MARCHÉ COMMUN

CHAPITRE XI

LES DONNÉES
ET LES PERSPECTIVES

A l'exception de la Grèce, qui n'est limitrophe d'aucun autre Etat membre et dont le niveau de revenu est sensiblement inférieur à celui de ses partenaires et des deux pays ibériques, isolés pendant plusieurs décennies du développement du reste du continent, les pays du Marché Commun sont des pays proches. Ceci veut dire d'abord qu'ils sont proches géographiquement, mais aussi que leurs structures sont comparables. Leur développement économique et social depuis le XIXᵉ siècle a pu suivre des rythmes variables, mais sans différence fondamentale d'orientation. Les genres de vie sont semblables et les disparités de niveau de vie sont assez faibles à l'échelle mondiale et même à celle de l'Europe entière. Le degré d'intégration, c'est-à-dire les échanges internes industriels et agricoles, est extrêmement important et les liens de toute sorte entre les entreprises se sont multipliés, constituant, dès maintenant, un réseau particulièrement dense. Les dix pays ont en outre une structure démocratique comparable.

Un tel faisceau de ressemblance générale montre que les conditions de « l'optimum » d'aire d'application déjà mentionné en ce qui concerne la possibilité de réaliser un Marché Commun peuvent, dans l'ensemble, s'appliquer à la Communauté Européenne élargie. Mais de sérieuses divergences subsistent.

1. **L'addition des forces.** — La population du Marché Commun était en 1987 de 323 millions d'habitants, total qui situe la Communauté Européenne largement au-dessus des deux grandes puissances (U.R.S.S. 275 millions, Etats-Unis 244 millions).

Dans le domaine de la production *agricole* (blé, lait, viande, etc.) le Marché Commun représente dans de nombreux secteurs un producteur prépondérant, les chiffres élevés de production correspondant d'ailleurs à une zone de consommation particulièrement forte.

Production

(en millions de tonnes — moyennes 1983-1985)

	Lait	*Céréales*
C.E.E.	117	157
Etats-Unis	65	284
U.R.S.S.	97	174

Dans le domaine de la production *industrielle*, on constate que la puissance des douze pays de la Communauté est comparable, sinon supérieure, à celle des Etats-Unis ou du Japon, même si une réduction sensible s'est produite, sauf en U.R.S.S., au cours de la dernière décennie. Si l'on prend par exemple comme indice de capacité industrielle les chiffres de production d'acier en millions de tonnes, on a :

	1981	*1987*
C.E.E.	140	126,5
Etats-Unis	109,6	81
U.R.S.S.	148,5	161,4
Japon	101,7	98,5

Pour l'aluminium, le ciment, les textiles, la construction automobile, le total des douze productions nationales permet encore de comparer la Communauté avec les deux super-puissances ; la C.E.E. est même devenue en 1970 le premier producteur mondial de véhicules automobiles.

**Production de voitures particulières en 1984
(en milliers)**

C.E.E.	10 540
Etats-Unis	7 773
U.R.S.S.	1 327
Japon	7 073

Le produit intérieur brut aux prix du marché, bien qu'ayant augmenté de 223 % pendant la décennie 1970-1980, demeure inférieur à celui des Etats-Unis. Alors qu'il était encore en 1980, pour les douze pays actuellement membres de la Communauté, supérieur aux Etats-Unis (respectivement 2 198 et 1 931 milliards d'Ecus), la proportion s'est inversée en 1981 (C.E.E. : 2 408 ; Etats-Unis : 2 695) et l'écart a augmenté depuis. Pour 1985, les chiffres sont de 3 231 milliards pour la C.E.E. et 5 172 pour les Etats-Unis.

Si on compare l'évolution du P.I.B. par habitant, celui de la Communauté (à 12) est passé de 7 698 à 12 168 (standard pouvoir d'achat), soit une augmentation de 58 %, légèrement inférieure à celle observée aux Etats-Unis (19 562 en 1985, soit

+ 61 %) et substantiellement par rapport au Japon (13 881, + 76 %).

Assurant à elle seule plus de 34 % du commerce mondial, la Communauté est le premier importateur et le premier exportateur du monde, devançant très nettement les Etats-Unis (15 %) et le Japon (8 %). La part de ses importations, comme de ses exportations, dans son produit intérieur brut, est de l'ordre de 31 %.

La part des échanges des douze pays entre eux est très importante : 57,2 % des exportations et 57,8 % des importations de la C.E.E. sont faites à destination ou en provenance d'un Etat membre, ce qui montre combien la Communauté constitue sur le plan commercial un espace économique déjà intégré.

Cependant, les statistiques globales, même si elles font apparaître des chiffres impressionnants de production ou d'échange, ne doivent pas faire croire à l'absence de divergences sensibles dans la structure économique des Etats membres.

2. **Les éléments de divergence.** — Le produit intérieur brut dans chaque pays de la Communauté était le suivant en 1985 (moyenne Comm. à 12 : 12 168).

Si on considère le tableau d'*origine du P.I.B.*, on constate que seules la Grèce, l'Espagne et l'Irlande ont plus de 10 % de celui-ci provenant du secteur

Produit intérieur brut par habitant
(en standard pouvoir d'achat)

Belgique	Danemark	Allemagne	Grèce	Espagne	France	Irlande	Italie	Luxem- bourg	Pays-Bas	Portugal	Royaume- Uni
12 701	14 633	14 426	7 005	9 055	13 740	8 433	11 225	16 163	13 450	6 649	12 949

Origine du produit intérieur brut (1984)

	Agriculture	Industrie (y compris construction)	Services et administrations publiques
Belgique	2,5	34,4	63
Danemark	6,3	27,7	66
Allemagne	1,9	40,9	57,2
Grèce	18,5	28,5	53
Espagne	16,7	50	33,3
France	4,1	35,8	60,2
Irlande	10,1	36,5	53,4
Italie	5,2	39,1	55,7
Luxembourg	3,2	35,4	61,4
Pays-Bas	4,6	34,8	60,6
Portugal.........	8,2	37,7	54,1
Royaume-Uni ...	1,7	40,8	57,5

Utilisation du produit intérieur brut (1984)

Pays	Consommation privée	Consommation publique	Formation brute de capital fixe	Variation des stocks	Solde extérieur
Belgique	65,1	17,4	16,1	— 0,3	1,7
Danemark.........	54	25,9	17,9	1,1	1,1
Allemagne.........	63	13,6	20,3	0,6	2,5
Grèce	64	19	18,6	1,4	— 8,3
Espagne	66,8	12,3	17,8	0,1	2,9
France	64,1	16,4	18,9	0,3	0,3
Irlande	58,1	19	21	2,1	— 0,2
Italie	62,2	19,4	17,9	0,7	— 0,3
Luxembourg.......	57,9	15,7	22,2	3,2	1
Pays-Bas	59,2	16,8	18,4	0,5	5,1
Portugal					
Royaume-Uni	60,7	21,9	17,4	— 0,1	0
Europe des Douze	62,7	17,2	18,7	0,4	1

primaire (agriculture et pêche). L'Allemagne et le Royaume-Uni, qui ont une part très faible de leur P.I.B. assurée par le secteur primaire, sont classés en revanche aux deuxième et troisième rangs pour le pourcentage de la production industrielle dans le P.I.B., l'Espagne constituant un cas particulier puisqu'elle occupe simultanément la première place au titre de son industrie et la troisième pour son agriculture. Dans tous les pays de la Communauté le secteur tertiaire a connu une progression spectaculaire, est est partout supérieur à 50 % du P.I.B. (et même à 60 % dans cinq Etats), à la seule exception de l'Espagne.

Si on considère le tableau d'*utilisation du P.I.B.*, on s'aperçoit que la consommation privée en représente 58 à 65 % environ, à l'exception du Danemark (54 %) et surtout de l'Espagne (près de 67 %), tandis que la consommation publique est faible en Espagne (12,3 %) et en Allemagne (13,6 %) et élevée au Royaume-Uni (21,9 %) et au Danemark (25,9 %).

Par rapport au P.I.B., c'est au Danemark que le *prélèvement obligatoire global* est le plus élevé (58,5 %), ainsi qu'au Luxembourg (54,2 %) et aux Pays-Bas (53,1 %), contre 40,6 % au Royaume-Uni, 37 % en Espagne et en Grèce et 34 % au Portugal (moyenne communautaire : 43,7 %). Les cotisations sociales ne représentent que 3,1 % du P.I.B. au Danemark, 6,1 % en Irlande et 7 % au Royaume-Uni, mais atteignent 20 % aux Pays-Bas et même 21,4 % en France.

Par rapport à l'ensemble des recettes, les cotisations sociales constituent 3,8 % du total au Danemark et 17,5 % au Royaume-Uni, contre 41,5 % en Espagne, 43,6 % en France et 43,9 % aux Pays-Bas. La moyenne pour l'ensemble de la Communauté est de 29,7 %, comparable à celle des Etats-Unis (29,4 %) et du Japon (30,2 %). Le rapport impôts directs/impôts indirects est également très variable : l'impôt sur les revenus et les bénéfices et l'impôt sur le patrimoine fournissent 61,1 % du total des recettes au Danemark et 50,9 % au Royaume-Uni, contre seulement 21,7 % en France et 20,3 % en Grèce.

Les dépenses courantes de *protection sociale* sont élevées dans tous les Etats membres : environ 30 % ou plus du P.I.B. aux Pays-Bas, en Belgique, en Allemagne, au Danemark et en France, 24 % au Royaume-Unis et en Irlande.

Si on analyse la structure du *coût de la main-d'œuvre*, on constate de grandes disparités d'un pays à l'autre : le salaire direct ne représente ainsi que 54 % du coût total d'un ouvrier de l'industrie en Italie et 52,6 % en France, alors qu'il atteint 71 % au Royaume-Uni et 83 % au Danemark. Dans ce dernier pays, la part de la Sécurité sociale n'est que de 5,7 %, contre 28 % en France et 24 % aux Pays-Bas. Quant au coût horaire de la main-d'œuvre dans l'industrie, il varie de 13,59 Ecus aux Pays-Bas et 13,09 en Belgique à 8,84 au Royaume-Uni et 8,79 en Irlande (les chiffres relatifs à la Grèce, l'Espagne, et le Portugal ne sont pas disponibles).

* *

L'équilibre d'ensemble de la Communauté, du point de vue industriel et plus généralement de l'activité économique (excepté les simples rapports de volume et excepté les cas de l'Italie du Sud, de l'Irlande, du Portugal et des régions en déclin de la Grande-Bretagne), ne doit pas dissimuler de très nombreuses différences dans les rapports de secteurs ainsi que dans les divers aspects des politiques monétaires, économiques et sociales menées dans chaque Etat membre ; même si les gouvernements ont de plus en plus à l'esprit le cadre européen dans lequel leurs décisions sectorielles doivent s'intégrer, il reste que les politiques en matière d'orientation de l'épargne, de prestations sociales ou de structure des circuits de distribution sont très souvent menées en ordre dispersé.

Dans chaque pays les disparités de structure restent considérables et constituent une des sources majeures des inégalités sociales. Les productivités sont très variables entre les industries anciennes et modernes, entre celles qui sont dans des régions en expansion ou en déclin... Les niveaux de salaires s'en ressentent. Si les différences de salaires sont moins marquées en Allemagne qu'en France ou plus encore qu'en Italie, c'est l'effet d'un stade de développement industriel plus avancé, mais aussi la conséquence d'une politique de modernisation accélérée des structures.

C'est en effet d'abord sur le plan intérieur que se jouent les possibilités réelles de succès dans le cadre d'une compétition plus large. Le cas de la France l'a bien montré.

3. Le cas de la France. — Lors de la signature du Traité de Rome, la France se trouvait dans une situation économique qui la rendait l'objet de nombreuses critiques, et de doutes encore plus nombreux quant à ses possibilités de compétition. Le niveau des prix français (comme ceux en général de la zone franc) était souvent estimé à près de 20 % supérieur aux prix étrangers. En 1956, le déficit de la balance des paiements de la France avait atteint 830 millions de dollars, dû pour une part essentielle à la balance commerciale, l'outre-mer participant pour environ 25 % à ce déséquilibre. La balance commerciale elle-même se caractérisait par un très lourd déficit en produits énergétiques, une dépendance croissante pour les matières premières, les demi-produits et les biens d'équipement, face à la faiblesse relative des exportations de produits finis (29 % des exportations françaises ; 42 % des exportations allemandes).

En ce qui concerne le niveau de protection existant, outre un tarif douanier assez élevé, la France avait dû en pratique remettre la quasi-totalité de son commerce extérieur sous un système de contingentement. Ainsi, pour assurer l'équilibre de son commerce extérieur et éviter la disparition des devises, c'est aux règles antérieures de l'O.E.C.E. elle-même que la France avait dû déroger.

Dans un avenir assez rapproché, on pouvait estimer que le Traité de Rome par la réduction des barrières aux échanges jouerait surtout au détriment de la France, du seul point de vue de l'équilibre du commerce extérieur. En particulier, la clause prévoyant l'ouverture automatique de contingents égaux à 3 % de la production nationale quand ceux-ci étaient nuls ou faibles portait sur des secteurs nombreux très protégés, mais très importants (voitures automobiles, tissus de coton, appareils de radio ou télévision...). En contrepartie on voyait mal les éléments d'un rééquilibre.

D'une part, de telles estimations reposent sur des conceptions purement statiques, donc erronées, des phénomènes économiques.

Il semble en outre que le secteur privé français, face aux impératifs du Marché Commun et considérant que le Traité comportait certaines garanties équilibrant ses risques et en faisant un cadre satisfaisant, ait eu la réaction la plus positive.

Cette réaction individuelle des agents économiques dans un sens favorable a été permise et accentuée parce que, sur le plan général, la position de la France s'est aussi transformée. Quelques jours avant les premières mesures d'application du Traité, le 27 décembre 1958, la France a accompli une réforme monétaire et économique d'une importance considérable. Parallèlement, une dévaluation réussie est venue rendre plus réaliste les taux de change et faciliter les exportations ; et la libération des échanges a été effectuée, portant celle-ci à 90 % d'abord, c'est-à-dire à un niveau comparable à celui des autres partenaires du Marché Commun. Dans un climat de stabilité monétaire, renforcé par l'incidence sur les prix intérieurs de la libération des échanges elle-même, les conditions normales d'une compétition internationale ont été retrouvées.

Il est apparu alors que la situation intérieure française du point de vue économique supportait largement la comparaison avec ses voisins ; phénomène jusqu'alors masqué par les difficultés de paiements extérieurs.

Depuis 10 ans une politique d'investissements avait été pratiquée, et l'augmentation des capacités de production dégage d'autant des possibilités d'exportation sans déclencher de pressions inflationnistes. L'annonce du Marché Commun, le fait qu'on y croyait allaient provoquer les efforts de regroupement et de spécialisation supplémentaires comme un retournement de l'attitude psychologique qui restaient indispensables. Le tableau suivant, qui donne le taux d'accroissement des échanges de la France avec ses

	Taux d'accroissement de 1958 à 1966	
	Importations (en provenance de)	*Exportations (vers)*
R.F. d'Allemagne (¹) ...	+ 249 %	+ 292 %
U.E.B.L.	+ 244 –	+ 240,8 –
Pays-Bas	+ 312,5 –	+ 385,6 –
Italie	+ 620,7 –	+ 420,3 –
Total C.E.E.	+ 295,6 –	+ 305,3 –

(¹) **Sarre incluse à partir de juillet 1959.**

partenaires du Marché Commun de 1958 à 1966, paraît la meilleure traduction des considérations précédentes.

4. Les perspectives. — Les chances d'équilibre à long terme dans le Traité dépendent de trois considérations :

— l'orientation de l'activité de chaque Etat, compte tenu des atouts et des capacités dont il dispose ;
— le jeu du Traité en ce qui concerne le rapprochement ou l'harmonisation des politiques nationales de chacun des Etats membres ;
— la capacité de la Communauté de répondre de façon concertée aux défis extérieurs auxquels elle est soumise, notamment dans ses relations avec les autres pays industrialisés et pour son approvisionnement en pétrole et en matières premières.

La comparaison des taux de croissance annuelle des Etats membres au cours des dernières années permet de mesurer les écarts sensibles qui séparent les divers pays. Cependant, il apparaît que la Communauté connaît une certaine unité de conjoncture et que chaque pays ressent les progrès ou les difficultés de ses partenaires.

On ne peut guère attendre des seuls Traités tels qu'ils sont rédigés actuellement un rapprochement rapide des différents postes de dépenses des Etats membres dont certains éléments d'ailleurs (défense...) sont hors de portée du cadre actuel du Marché Commun. L'harmonisation des économies de la Communauté ne saurait résulter que d'une politique volontariste de coordination des politiques économiques, monétaires et sociales.

Tel était le sens du projet de réalisation de l' « union économique et monétaire » en 1980. Dans ce but tout un ensemble de mécanismes de concertation visant à développer une politique économique communautaire à court et à moyen terme avait été mis en place (cf. chap. VIII). Mais il est évident que ce nouvel équilibre économique est d'autant plus facile à dégager que sera rétabli entre le jeu du Traité et la conjoncture favorable le processus cumulatif espéré, sans inflation excessive. C'est sur l'expansion attendue du Marché Commun que repose une des meilleures chances d'équilibre du Marché Commun lui-même, pour peu que l'approfondissement du Système monétaire européen parvienne à réduire encore l'incohérence monétaire.

5. **Les décisions futures.** — Il ne faudrait pas déduire de certaines lacunes du Traité l'impossibilité d'arriver à un tel équilibre. Mais il faut bien voir que celui-ci sera aussi politique qu'économique. Le rôle des procédures de décision ne saurait donc être sous-estimé, compte tenu du fait que c'est dans les domaines de la coordination et de l'harmonisation des politiques en général que la plus large confiance a été faite à ces procédures.

Dans la mesure où en ces domaines l'unanimité est prévue sans limitation dans le temps, l'aspect de « bonne volonté » politique apparaît prépondérant. Dans la mesure où à partir de la troisième étape de la période transitoire ou, *a fortiori* au-delà de l'établissement total du Marché Commun, c'est la règle de la majorité qualifiée qui avait été prévue, cette disposition fondamentale manifestait la volonté des pays du Traité de Rome d'aboutir à une véritable Communauté. Mais il serait assez théorique de croire que, sur des questions importantes, à quelques stades de réalisation du Traité que ce soit et même en tenant compte des pondérations soigneusement fixées, certains pays puissent réellement par un vote imposer à un autre pays une solution qui soit gravement contraire à ses intérêts. En réalité, l'abandon de l'unanimité a surtout pour but de faciliter les compromis en donnant l'assurance que de toute façon une solution sera trouvée.

Autrement dit, ce ne sont pas les règles juridiques de vote qui permettent de passer outre aux nécessités des équilibres nationaux et internationaux. Et si la règle de la majorité traduit une volonté politique, elle repose aussi sur la confiance dans les effets économiques salutaires du Marché Commun pour l'ensemble des pays, et bien évidemment sur la plus grande prudence politique dans son application.

Pendant la période 1958-1968, le Marché Commun a bénéficié d'une période exceptionnelle de stabilité monétaire et d'expansion économique sur le plan mondial. Ce fut aussi la période des progrès et résultats les plus marquants sur le plan intérieur, entre les pays membres. Depuis 1971, la crise monétaire, puis celle de l'énergie, vont peser sur tous les développements intérieurs et, le plus souvent, il s'agira d'essayer de sauver ce qui existe plus que de réellement progresser.

CHAPITRE XII

LA RÉALISATION DU MARCHÉ COMMUN

La première année d'application du Traité de Rome (1958) ne comportait pas d'engagement commercial : elle devait être consacrée à la mise en place des institutions et la préparation des mesures ultérieures. A ce titre, la Commission européenne (2 Français, 2 Allemands, 2 Italiens, 1 Hollandais, 1 Belge, 1 Luxembourgeois) a été désignée pour 4 ans, et a procédé au recrutement de ses services comme à son installation provisoire à Bruxelles en attendant le choix définitif d'une « capitale européenne ». Parallèlement, le Conseil des Ministres et les autres organes ont été mis en place.

Les années suivantes comportaient en revanche des engagements très précis à la fois en ce qui concerne les Etats membres (réduction des barrières aux échanges) et les institutions du Marché Commun (précisions à apporter au Traité en ce qui concerne les mesures commerciales ; définition des bases de la future politique commune en d'autres domaines). Dans l'ensemble, on peut affirmer que le Traité a bien fonctionné pour ces dix premières années et que les programmes prévus ont été intégralement respectés. On peut aussi remarquer, sans ironie, que les principaux problèmes ne se sont pas présentés dans les secteurs où ils avaient été plus spécialement envisagés, sinon redoutés.

1. L'union douanière. — Les deux premières réductions des *droits de douane entre les Etats membres* (10 % le 1-1-1959 et 10 % le 1-7-1960) avaient eu des incidences réelles assez faibles et surtout très variables, étant parfois inférieures à des baisses « conjoncturelles » déjà appliquées ou étant corrigées dans certains cas par l'introduction de taxes intérieures. Une certaine extension aux pays tiers pour les taux les plus élevés a aussi joué dans le sens d'une atténuation de la marge préférentielle réelle au profit des Six. Mais alors que des possibilités de souplesse avaient été prévues par le Traité, les Etats membres y ont renoncé sur proposition de la Commission et la baisse a été appliquée indistinctement à tous les produits.

C'est à ce moment qu'il a pu sembler que les rythmes prévus étaient trop lents et que le Traité, loin de forcer l'évolution de la vie économique, la suivait. Une importante décision a ainsi été prise le 12 mai 1960 accélérant la suppression des droits de douane entre les Etats membres, sous forme d'une baisse tarifaire supplémentaire de 10 % (linéaire), qui a été appliquée le 31 décembre 1960. Le 31 décembre 1961, un autre mouvement tarifaire a été effectué portant la réduction entre les Etats membres à 40 % par rapport au niveau de 1957. Une réduction supplémentaire de 10 % est intervenue en 1962. Compte tenu de la réduction normale de 10 % fixée par le Traité au 1er juillet 1963, on obtient à cette date 60 % de baisse sur les droits de douane internes et on arrive au second rapprochement vers le tarif extérieur commun ; ces résultats correspondent en pratique à une avance de 2 ans 1/2 sur les délais les plus courts fixés par le Traité.

Dans le domaine *contingentaire*, l'accélération du Traité a été plus rapide encore. Après avoir procédé par élargissement des contingents existants suivant les mécanismes fixés par le Traité en 1959 et 1960, des mesures de libération totale ont pu être envisagées et c'est le principe même du contingentement qui a été supprimé. La décision d'accélération du 12 mai 1960, déjà mentionnée, a marqué un progrès considérable : toutes les restrictions quantitatives subsistant pour les produits industriels entre les Etats membres ont été abolies pour le 31 décembre 1961.

L'élargissement des contingents visait également les produits agricoles et alimentaires pour autant qu'ils ne relevaient pas d'une organisation nationale des marchés. En fait, toutes ces mesures pour autant qu'elles sont intervenues avant les décisions fondamentales sur la politique agricole commune de janvier 1962 présentaient un caractère transitoire. Un contrat à long terme avait été conclu en 1959 entre la France et l'Allemagne en ce qui concerne certaines céréales. Des solutions complémentaires et transitoires ont été trouvées dans le cas des monopoles nationaux (tabac par exemple). Dans les cas où des difficultés s'étaient présentées, la Commission du Marché Commun, conformément au Traité, a veillé à la stricte application de celui-ci. Certaines dérogations ont été refusées aux Etats membres, après l'examen approfondi. Plusieurs recours ont été introduits devant la Cour de Justice.

Parallèlement à la suppression des barrières internes aux échanges, l'union douanière comporte la mise en place du *tarif extérieur commun*. La première tâche était de le compléter dans la mesure où le Traité ne l'avait pas fixé. En février 1960, le Conseil approuvait l'élaboration définitive du tarif sur la base des règles du Traité. En mars 1960, il approuvait la fixation des taux applicables aux produits de la liste G, produits importants ou très sensibles, posant des problèmes économiques délicats, pour lesquels une décision n'avait pu être prise dans le cadre du Traité lui-même et qui représentait environ 16 % du commerce des Etats membres. La solution de toutes ces difficultés dans le temps requis a été considérée comme un succès.

Les baisses internes atteignant 30 %, le 31-12-1960 le premier mouvement de rapprochement des tarifs nationaux vers le tarif commun a été effectué. Il s'agissait là d'une manifestation essentielle de la solidarité des Six et de leur unité vers le monde extérieur. En même temps, pour traduire de façon concrète la volonté libérale à l'égard des pays tiers et réduire leurs éventuels problèmes, il a été décidé que ce premier rapprochement se ferait sur la base de calcul d'un tarif commun réduit de 20 %. Le deuxième rapprochement lié à l'accélération interne intervient le 1er juillet 1963. 60 % de l'écart entre les tarifs nationaux et le tarif commun sont éliminés. En avril 1963, cette décision a été confirmée, de même que l'orientation libérale (moins 20 %).

Par ailleurs, il est apparu que dans de nombreux cas (définition du trafic de perfectionnement — divergences sensibles dans les politiques contingentaires vers certains pays tiers à conditions de concurrence anormales) le principe même du Marché Commun, c'est-à-dire la nécessité d'une union douanière, et d'une union douanière renforcée par une *politique commerciale commune*, était pleinement justifié. Il en est ainsi notamment en ce qui concerne les dangers d'application entre les Etats membres (article 115) de mesures de sauvegarde de nature à freiner la réalisation complète des mécanismes internes du Marché Commun, mesures de sauvegarde qui seraient justifiées par des conditions d'entrée différentes pour les produits des pays tiers. Dès à présent, certaines procédures ont été instituées en ce qui concerne les rapports de chaque Etat membre avec les pays tiers : *uniformisation progressive des accords commerciaux bilatéraux, négociation d'accords communautaires, régime commun applicable aux im-*

portations et aux exportations de pays tiers, procédures communes de gestion de contingents quantitatifs.

Mais la réalisation de l'union douanière, même complétée par une politique commerciale, restait soumise à des progrès fondamentaux dans l'agriculture et dépendait formellement du passage à la seconde étape ; ce dernier point dépendant lui-même des progrès généraux du Traité notamment en ce qui concerne l'Union économique.

2. **Agriculture.** — Entre les premières propositions de la Commission en juin 1960 et la réalisation du marché unique pour tous les produits agricoles, il se sera écoulé à peu près huit années, jalonnées de discussions ardues et même de crises, mais qui ont abouti à une prise de conscience des solidarités économiques et sociales entre les agriculteurs des six pays. La politique agricole commune est une création continue.

L'objectif escompté du libéralisme « encadré » et organisé était une meilleure répartition de l'activité agricole entre les types d'exploitation et entre les régions, devant aboutir à un développement des échanges intracommunautaires.

De 1958 à 1972, année de l'élargissement des Communautés de six à neuf Etats membres, le développement des échanges intracommunautaires de produits agricoles a été extrêmement important : de 1 246 millions de dollars en 1958, ces échanges sont passés à 9 427 millions de dollars en 1972 (indice 757 pour 1958 égal à 100).

Ce développement a été plus sensible que celui des importations des mêmes produits en provenance des pays tiers (indice 757 contre 190). La poursuite de cette évolution ne dépend plus tellement des réglementations communautaires, mais surtout des efforts des producteurs de chaque pays pour satisfaire à la demande exprimée dans les pays voisins et du dynamisme des commerçants et des industriels situés en aval du secteur agricole.

Durant la période transitoire, les dépenses de soutien des marchés agricoles engagées par les Etats membres conformément aux règles communautaires leur *étaient* remboursées par la Communauté intégralement au stade du marché unique.

La Communauté *demandait* des contributions aux Etats membres définies par une clef de répartition qui *tenait* compte de leurs capacités contributives.

En 1970, le Conseil a décidé le système dit des « ressources propres ». Il a été convenu que désormais le budget des Communautés se substituerait aux budgets des Etats membres, à compter du 1-1-1971 : l'intégralité des droits de douane et des prélèvements, ainsi qu'une partie des ressources de la T.V.A., perçus par les Etats membres, constituent, après une période intérimaire progressive, les ressources propres de la Communauté. Celles-ci étant devenues insuffisantes pour couvrir l'ensemble des dépenses, le Conseil européen de Bruxelles de février 1988 a institué une « quatrième ressource », fondée sur le produit national brut aux prix du marché, donc la capacité contributive, de chaque Etat membre.

La réalisation du Marché Commun agricole a entraîné le transfert au plan communautaire de certaines compétences en ce qui concerne les moyens d'action de la politique agricole (fixation des prix, relations commerciales avec les pays tiers, etc.). Par ailleurs, le Traité soumet les régimes de subventions au contrôle de la Commission.

La Communauté a donc progressivement développé une véritable politique européenne dans le domaine agricole. C'est d'ailleurs pratiquement la seule véritable « politique » commune.

a) Les organisations de marché mises en place ont permis la défense et la stabilisation des revenus agricoles. Les prix communautaires, qui ont été le plus souvent fixés un peu au-dessus de la moyenne des prix nationaux antérieurs, ont entraîné un relèvement des revenus agricoles. C'est ainsi que le revenu agricole par unité de travail a, parmi les différents Etats membres de la Communauté, augmenté le plus en France depuis l'élargissement de ces organisations de marché : de 1968 à 1972 ce revenu agricole (1) a augmenté de 65 % en

(1) Définition du revenu agricole par unité de travail : valeur ajoutée nette aux coûts des facteurs diminuée des fermages et métayages et des intérêts payés.

France tandis qu'il augmentait de 56 % en moyenne pour la Communauté à Six.

La crise économique générale, cependant, va inverser la tendance : alors que le revenu agricole augmentait régulièrement de 6,5 % par an, il diminue de 9 % en 1974, en raison de l'augmentation des prix de la consommation intermédiaire (énergie, engrais, aliments du bétail). Les années suivantes se traduiront tantôt par une amélioration, tantôt par une régression, avec parfois des variations importantes (+ 9 % en 1982 — 7 % en 1983, + 4 % en 1984, — 3 % en 1987). L'évolution est en outre très différenciée d'un pays à l'autre : en 1986 par exemple, le revenu augmente de 5,3 % au Royaume-Uni et de 13 % en Allemagne, mais chute de 7,8 % au Danemark et de 8,6 % en Irlande (revenu net de toutes les personnes occupées dans l'agriculture). Il en résulte évidemment une forte disparité du niveau de revenu par personne et par Etat membre : en fixant à 100 la moyenne de la Communauté à 10 en termes réels du revenu agricole, les Pays-Bas sont à l'indice 222,6 et la Belgique à 216,8, tandis que la France est à 103,1, la Grèce à 63,6 et l'Irlande à 57,1 (moyenne période 1981-1985).

b) Le développement des échanges intracommunautaires aurait pu entraîner une réduction des importations en provenance de pays tiers, et il est vrai que ces dernières, qui représentaient 66 % du total en 1958, n'étaient plus que de 43 % en 1986. Mais les importations agricoles en provenance du reste du monde ont largement progressé, passant entre 1973 et 1986 de 24 520 millions d'Ecus à 52 802 millions.

c) Bien qu'elle soit exportatrice nette de certains produits agricoles, la Communauté n'en est pas moins globalement déficitaire en produits alimentaires : 23 998 millions d'Ecus en 1986 dans les échanges avec les pays tiers (importations : 52 802 millions ; exportations : 28 804 millions). La balance commerciale pour tous les produits est également déficitaire : 25 milliards d'Ecus en 1985 (66 milliards en 1980) ; un excédent a été enregistré pour la première fois en 1986 (+ 5 milliards), dû à la diminution du coût des produits pétroliers, et la balance est équilibrée en 1987 (339 milliards d'Ecus, tant en importations qu'en exportations).

d) L'amélioration de la productivité agricole, premier objectif que le Traité de Rome assigne à la politique agricole commune, est tout à fait incontestable. La Communauté s'est dotée, avec la section Orientation du F.E.O.G.A., d'un instrument de financement de la politique des structures, dont les dépenses ont été en 1988 de 1 131 millions d'Ecus (somme importante mais qui n'est évidemment pas comparable aux 27 500 millions de dépenses de la section Garantie, correspondant à la politique de soutien des marchés).

e) La localisation géographique de l'activité agricole donne lieu à un affrontement de tendances : d'une part, le désir de provoquer en Europe une localisation optimale de la production agricole, celle qui assure un certain volume de production au coût minimal (c'est le problème de la spécialisation) et, d'autre part, le désir de ne pas voir l'agriculture disparaître de certaines régions où elle contribue à l'activité économique (c'est le problème de l'aide aux agriculteurs les moins bien placés).

D'une façon générale, la politique agricole commune a été largement fondée sur l'idée de marché unique, commandé par un prix unique qui est l'élément directeur fondamental. Cette approche suppose un degré de modernisation et surtout d'homogénéité qui n'existe pas dans l'agriculture des six pays, et encore moins des douze. On se trouve en face d'un dilemme :

— soit fixer les prix en vue de donner un revenu satisfaisant aux agriculteurs les moins bien placés et provoquer des rentes injustifiées pour les agriculteurs les mieux placés, comme des conséquences financières excessives sur le plan communautaire ;

— soit fixer les prix en tenant compte des entreprises agricoles raisonnablement compétitives, mais on aboutit à des conséquences régionales, sociales, humaines, qui ne seront pas supportables pour beaucoup d'agriculteurs actuels.

Il faut ajouter que, tout en demeurant fondamentale pour une importante part de la population communautaire, la parfaite réalisation de la politique agricole commune et de ses objectifs se trouve entravée par les réalisations plus lentes en d'autres secteurs d'activités. En fait, le secteur agricole vit en symbiose avec le reste de l'économie et à ce titre est tributaire non seulement de l'évolution économique générale mais encore d'autres politiques spécifiques dans le domaine régional, social, fiscal, etc.

C'est ainsi que les perturbations monétaires des dernières années soulignent l'étroite dépendance entre l'agriculture communautaire et l'activité économique globale des Etats membres de la Communauté ainsi que des pays tiers.

Alors que la dévaluation française d'août 1969 et la réévaluation allemande de novembre 1969 venaient à peine d'être « digérées », la crise du dollar, en 1971, créa des perturbations monétaires qui ne firent que s'amplifier jusqu'à nos jours. Pour pallier les conséquences des variations de taux de change et pour maintenir l'unité des prix et du marché au sein de la C.E.E. fut mis en place un système de montants compensatoires monétaires. Ce système, qui est une sorte de mal nécessaire, a pour objet d'éviter les perturbations commerciales qui ne manqueraient pas d'apparaître du fait des changements de parités monétaires, dès lors que celles-ci ne s'accompagnent pas d'une modification correspondante des prix administrés, exprimés en monnaies nationales.

Appliqués au moment du passage en frontière des marchandises, les montants compensatoires monétaires sont positifs dans les pays dont la monnaie est réévaluée, et jouent comme des subventions à l'exportation et des taxes à l'importation, et négatifs dans les pays dont la monnaie est dévaluée, où ils sont en sens inverse des taxes à l'exportation et des subventions à l'importation. Justifiés temporairement pour corriger les effets des fluctuations monétaires, les montants compensatoires ont en revanche, par leur pérennisation, introduit dans le Marché Commun une nouvelle forme de cloisonnement, aggravé par l'insuffisante convergence des politiques économiques des Etats membres. Leur démantèlement est donc largement réclamé et la mise en place du Système monétaire européen en 1979 s'était accompagnée d'un gentlemen-agreement qui en prévoyait les modalités mais n'a pas été suivi d'effet. Les Dix se sont cependant accordés en mars 1984 pour supprimer progressivement ceux qui existent et ne plus en créer de nouveaux, et un nouveau régime pour le démantèlement a été institué par le Conseil en juillet 1987. Au 5 septembre 1988, aucun M.C.M. n'était applicable en Belgique, au Luxembourg, aux Pays-Bas, en Allemagne, au Danemark et en Espagne, tandis qu'existaient des M.C.M. négatifs dans les autres pays (selon les produits, de — 1 à — 3,5 % en France, de — 2 à — 10,7 % au Royaume-Uni, de — 14 à — 33 % en Grèce).

En définitive, la politique agricole commune ne peut réaliser pleinement ses objectifs que si l'action de la Communauté se renforce sur le plan économique et monétaire, dans le domaine de la politique régionale ou sociale, et en matière fiscale.

Le Traité de Rome, notamment, ne prévoit aucune disposition positive pour une politique régionale, bien que son préambule mentionne l'objectif d'un « déve-

loppement harmonieux en réduisant l'écart entre les différentes régions et le retard des moins favorisées ». Mais après le premier élargissement et sous l'influence britannique, la Communauté a fait droit à une vieille revendication italienne et décidé, au Sommet de Paris de 1972, de poser en matière régionale les principes d'une politique d'accompagnement de l'Union économique et monétaire. Un Fonds européen de Développement régional (F.E.D.E.R.) a été créé en 1975, qui participe au financement de projets d'infrastructure. Les concours financiers accordés par le Fonds sont répartis entre les Etats membres suivant des « fourchettes » indiquant les limites inférieure et supérieure de la part dont peut bénéficier chacun (1) (v. supra, p. 64).*

3. L'évolution des structures économiques. —

Dans l'esprit de ses promoteurs, le Marché Commun devait entraîner une transformation des structures de production en même temps qu'une augmentation des échanges ; il devait se traduire par une certaine concentration des entreprises permettant d'exploiter les économies de dimension, et un renforcement de la spécialisation entraînant une diminution des coûts de production.

Si l'on se penche sur la *spécialisation* attendue du Marché Commun, *elle n'a pas eu lieu par pays* : les progrès de l'industrialisation en France et en Italie et un rapprochement des structures macro-économiques des six Etats membres originaires sont sans doute à la base de ce phénomène. La prépondérance de certains pays sur quelques branches tend même à diminuer : c'est ainsi le cas de l'Allemagne pour la transformation de métaux et la construction

---

(1) Par exemple, de 21,59 à 28,79 % pour l'Italie, de 17,95 à 23,93 % pour l'Espagne, de 14,48 à 19,31 % pour le Royaume-Uni, de 7,47 à 9,96 % pour la France.

mécanique et électrique, branches pourtant traditionnelles de l'industrie allemande. D'autre part, la faiblesse relative des exportations des autres pays dans ces mêmes branches s'atténue : c'est par exemple le cas de la France pour les produits de la transformation des métaux (on peut noter aussi que grâce au niveau des prix agricoles l'agriculture a pu se maintenir et même se développer, notamment en Allemagne, et n'a pas disparu au profit des régions plus favorisées).

Si l'on se penche sur les phénomènes de *concentration*, on constate au cours des dernières années que le nombre des fusions entre entreprises est monté en flèche, notamment en Allemagne, aux Pays-Bas et en France. Cependant, 60 % des cas recensés concernent des fusions purement nationales et à partir de 1966 on peut constater que les investissements américains ont souvent été l'élément moteur des concentrations internationales. Le Conseil a cependant institué en 1985, le Groupement européen d'Intérêt économique qui offre aux entreprises de la Communauté un instrument de coopération fondé sur le droit communautaire (les premiers G.E.I.E. pourront être constitués à partir du 1er juillet 1989).

Si l'on considère les industries nouvelles qui dépendent largement pour leur expansion d'interventions publiques (qu'il s'agisse de marchés publics ou d'aide publique destinée à atténuer les risques), les progrès de l'interpénétration communautaire ont été extrêmement faibles faute de véritable politique commune. En matière de marchés notamment, les résultats sont très limités, malgré des directives prises pour la coordination des procédures de passation des marchés publics de travaux (1971) et de fournitures (1976). De nouvelles directives ont été adoptées en 1988, dans le cadre de la réalisation du marché intérieur d'ici à 1992, pour augmenter la transparence et créer les conditions d'une véritable ouverture à la concurrence intracommunautaire.

En fait, on peut se demander si les diverses attitudes nationales n'ont pas convergé pour éluder la décision du niveau européen, chacun renforçant les grandes entreprises nationales avant d'oser aborder un processus de restructuration industrielle au niveau communautaire, en laissant les grandes entreprises notamment multinationales maîtresses de leurs actions et en se livrant une concurrence accrue pour attirer leurs investissements dans des régions considérées prioritaires.

Plutôt que de fusionner avec une autre entreprise européenne, la réaction a donc été le plus souvent la concentration nationale ou l'appel à un lien extérieur à la Communauté, américain principalement, pour faire face à la concurrence interne née du Marché Commun.

4. Les résultats globaux. — Pendant les quinze premières années de fonctionnement du Marché Commun, les six Etats membres originaires ont connu une évolution spectaculaire de leur poids économique.

Entre 1958 et 1973, le produit intérieur brut à prix constant de la Communauté a doublé. Le taux annuel moyen de croissance des Six a dépassé 5 %.

L'augmentation de la population active (assurée

Taux annuels moyens de croissance 1961-1971
(à prix constants)

Pays	Produit intérieur brut aux prix du marché		Produit intérieur brut aux prix du marché par pers. occupée
	global	par habitant	
Allemagne......	4,6	3,7	4,4
France	5,8	4,7	5,0
Italie	4,9	4,2	5,4
Pays-Bas	5,4	4,1	4,4
Belgique	4,9	4,3	4,0
Luxembourg....	3,1	2,3	2,1
Eur. des Six..	5,1	4,2	4,9
Royaume-Uni ..	2,7	2,2	2,8
Irlande	4,0	3,4	3,9
Danemark......	4,6	3,9	3,3
Eur. des Neuf.	4,5	3,7	4,3
Etats-Unis	4,1	2,9	2,2
Japon	10,2	9,0	8,8

pour une bonne part, notamment en Allemagne, par les travailleurs immigrés) n'a contribué que très légèrement à cette croissance : l'emploi total n'a augmenté que de 0,6 %, si bien que le P.I.B. par personne active a augmenté de 4,9 % grâce notamment à un important effort d'investissement (le taux d'investissement est passé de 16,4 en 1958-1959 à 19,2 en 1959-1970, non compris le logement), à la croissance remarquable de la productivité issue de l'accélération du rythme d'innovation et de recherche, à la redistribution de la main-d'œuvre vers les secteurs les plus productifs (l'exode rural expliquerait environ une croissance de 0,5 % par an).

Il est bien difficile de déterminer scientifiquement pour quelle part cette croissance rapide et soutenue est due à la création du Marché Commun.

Les chiffres montrent que, pendant la période 1958-1972, la croissance économique des six pays membres de la Communauté a été plus rapide que dans tous les autres pays industrialisés, à l'exception du Japon. Certes, le Traité est venu se « surajouter » à une période de plusieurs années de reconstruction et d'efforts en Europe et la conjoncture internationale a été très soutenue dans la décennie des années 60. Cependant, il apparaît que la *construction du Marché Commun a offert à l'expansion un cadre particulièrement favorable et une incitation supplémentaire.*

Au niveau des centres de décision, publics ou privés, la création de la Communauté a constitué un stimulant tant pour les investissements que pour l'innovation et certaines réformes de structure. Dès l'annonce même de la construction du Marché Commun les entreprises ont manifesté une prise de conscience très nette des possibilités qu'offrait un espace économique élargi. Dans la quasi-totalité des branches économiques, des organisations professionnelles ont été mises en place à l'échelon de la Communauté, et ces accords se sont ensuite étendus au secteur bancaire et financier. Les concentrations, les fusions se sont multipliées. Même si elles ont souvent lieu dans un cadre national, elles trouvent largement leur origine dans l'existence du Marché Commun et le développement de la concurrence qui en résulte. On peut même ajouter que de telles concentrations ne sont supportables que dans un cadre suffisamment large pour limiter les possibilités d'accession à une position monopolistique.

Les producteurs de la Communauté n'ont pas été les seuls à comprendre l'intérêt de développer leur stratégie dans le cadre d'un vaste marché. Les entreprises américaines ont multiplié dans des proportions considérables leurs investissements dans la Communauté qui est devenue leur zone d'implantation privilégiée. En 1960 l'investissement direct au-dehors par les entreprises américaines se chiffrait à 32 milliards de dollars, en 1971 à 86 milliards de dollars. La part de la Communauté dépassait celle du Canada avec 27 milliards contre 24.

Dans de nombreux cas, ces investissements ont pris la forme de rachat d'entreprises existantes pour bénéficier soit de capacité de productions déjà installées, soit d'équipes de recherche de bonne qualité, enfin — et c'est le cas le plus fréquent — pour disposer rapidement d'un réseau commercial adapté aux particularités de chaque marché national européen.

Les entreprises des pays européens ne faisant pas partie du Marché Commun — notamment suédoises et britanniques (bien avant l'élargissement) — et plus récemment les entreprises japonaises ont participé à cette vaste offensive dont l'effet positif en terme d'expansion économique n'est pas niable même si elle pose par ailleurs des questions préoccupantes en matière d'indépendance économique.

Avec les trois élargissements cependant, et l'entrée dans la Communauté de pays ayant un moindre degré de développement économique, et sous l'effet surtout de la crise économique mondiale, les résultats de la décennie suivante sont beaucoup moins spectaculaires. Entre 1972 et 1982, le taux annuel moyen de croissance diminue de plus de la moitié pour n'être plus que de 2,2 % ; dans la Communauté à 12, il tombe même à 0,9 % pour la période 1979-1984. L'indice de volume du produit intérieur brut aux prix du marché, avec la base 100 en 1980, n'est en 1985 que de 106,5. Le P.I.B. par habitant, 12 168 en standard pouvoir d'achat en 1985, est

Taux annuel moyen de croissance 1979-1984
(à prix constants)

Pays	P.I.B. aux prix du marché		P.I.B. aux prix du marché par personne occupée
	global	par habitant	
Belgique	1,0	1,0	1,9
Danemark............	1,5	1,5	1,2
Allemagne............	0,9	1,0	1,5
Grèce	0,8	0,1	— 0,3
Espagne	1,4	0,8	4,1
France	1,1	0,6	1,5
Irlande	2,1	1,2	2,8
Italie	1,1	0,9	0,8
Luxembourg..........	1,7	1,5	1,5
Pays-Bas	0,3	— 0,3	1,5
Portugal	1,2	0,7	0,2
Royaume-Uni	0,6	0,5	1,7
Europe des Douze...	0,9	0,7	1,6
Etats-Unis	2,0		
Japon	3,2	3,2	3,0

nettement inférieur à celui des Etats-Unis (19 562) et légèrement inférieur à celui du Japon (13 881). A l'exception du Portugal, de la Grèce, de l'Irlande et dans une moindre mesure de l'Espagne, les pays de la Communauté sont parmi les plus riches du monde.

En termes d'emploi, le taux de chômage, qui était descendu de 3,4 % en 1958 à 1,4 en 1964, est ensuite remonté à 5,1 en 1977 pour atteindre 9,4 en 1982 et 11,2 en 1986, avant de redescendre à 10,9 % en janvier 1988.

L'expansion des échanges attendue du Marché Commun s'est pleinement réalisée, et au-delà, les facteurs psychologiques positifs ayant accru l'incidence directe de la constitution de l'union douanière. La progression a été particulièrement spectaculaire pendant la période 1958-1972, avec une multiplication par 5,9 du commerce intracommunautaire et par 2,5 du commerce extracommunautaire. Sur la période 1966-1986, le commerce intracommunautaire a triplé en termes réels (sa valeur monétaire ayant été multipliée par 12,5). Les importations en provenance des autres pays membres, qui représentaient 35,2 % du total en 1958, atteignent 57,8 % en 1986, les exportations à destination de ces mêmes pays passant respectivement de 37,2 % à 57,2 %. Quant aux échanges avec les pays tiers, leur valeur a été multipliée par 8, et celle des exportations par 9 (doublement en valeur réelle).

Pendant dix ans, l'expansion s'est développée dans un cadre de relative cohérence monétaire et d'inflation limitée. Puis les modifications des taux de change entre pays membres se sont multipliées, conséquence du désordre monétaire généralisé qui règne dans le monde occidental depuis la fin des années 60. Une certaine stabilité des taux de change nominaux a pu être introduite par le Système moné-

taire européen, malgré l'agitation des marchés
des changes. La Commission a établi qu'entre 1979
et 1983, et en prenant le mark comme référence, les
variations moyennes d'un mois à l'autre des taux
de change des autres monnaies du S.M.E. ont été
comprises entre 0,5 % et 0,8 %, soit environ trois
fois moins que les variations des grandes monnaies
ne participant pas au Système (dollar, yen, livre
sterling), qui se sont situées entre 2,4 % et 2,7 %.
Pour les monnaies (franc français et lire) qui flot-
taient librement avant leur participation au S.M.E.,
le taux de variation moyen contre deutsche mark
s'est réduit de plus de moitié à partir de 1979 par

Evolution des prix à la consommation en %
(non désaisonnalisés)

	Taux annuels moyens					Taux réels 1987
	Moyenne 1966-1975	Moyenne 1975-1984	1985	1986	1987	
Belgique	6,1	6,9	4,9	1,3	1,6	1,4
Danemark.........	8,0	9,7	4,7	3,6	4,0	4,1
Allemagne.........	4,5	4,2	2,2	— 0,2	0,2	1,0
Grèce	7,6	18,4	19,3	23,0	16,4	15,7
Espagne	8,8	16,1	8,8	8,8	5,3	4,6
France	7,0	10,5	5,8	2,7	3,1	3,1
Irlande	9,9	14,1	5,4	3,8	3,2	3,1
Italie	7,5	16,0	8,6	6,1	4,6	5,1
Luxembourg.......	5,3	6,8	4,1	0,3	— 0,1	0,7
Pays-Bas	6,8	5,4	2,3	0,2	— 0,5	— 0,2
Portugal	10,8	22,9	19,3	11,7		9,8
Royaume-Uni	9,3	11,2	6,1	3,4	4,2	3,7
Europe des Douze	7,0	9,9	5,8	3,3	3,1	3,2
Etats-Unis	5,8	7,6	3,6	1,9	3,7	4,4
Japon	8,8	4,9	2,1	0,4	— 0,2	0,5

rapport à la période 1974-1978 (de 1,7 % à 0,8 % pour la France, de 2,2 % à 0,8 % pour l'Italie). Une meilleure convergence des politiques et résultats économiques des pays membres du S.M.E. a permis d'accroître la stabilité des taux de change.

Quant à l'inflation, contenue dans des limites modérées pendant les dix premières années du Marché Commun, elle a augmenté de façon générale en 1969 et dans des proportions considérables à partir du premier choc pétrolier en 1973. Sur la période 1975-1984, le taux annuel moyen de variation des prix à la consommation dans les douze pays de l'actuelle Communauté augmente de 9,9 %, atteignant près de 23 % au Portugal et dépassant les 16 % en Italie, en Espagne et en Grèce. Le taux d'inflation décline ensuite régulièrement et le taux réel n'est plus en 1987 que de 3,2 %, soit moins qu'aux Etats-Unis (4,4 %), avec cependant des écarts importants d'un Etat membre à l'autre puisque la hausse est supérieure à 15 % en Grèce et avoisine les 10 % au Portugal, tandis qu'elle tombe à 1 % en Allemagne et qu'une légère diminution est même enregistrée aux Pays-Bas.

Après une période de vive croissance économique et d'ouverture des frontières qui ont permis une beaucoup plus grande variété d'approvisionnement du consommateur, la Communauté européenne se trouve donc confrontée depuis les années 70 à des problèmes cruciaux largement d'origine extérieure qui menacent l'acquis de la décennie des années 60. Il ne fait guère de doute en effet que l'aggravation des tensions sur les prix et les monnaies remet gravement en cause l'expansion économique et le développement des échanges commerciaux qui avaient été les principaux résultats tangibles du Marché Commun.

CONCLUSION

DE L'ÉCONOMIE A LA POLITIQUE

L'intérêt du Traité de Rome était d'abord celui de la création d'un vaste marché de 170 millions de consommateurs, avec les avantages techniques et économiques que l'on peut en attendre. Les premières années d'expériences ont montré que les résultats étaient favorables.

Mais le problème essentiel demeure celui de la *garantie* de la réalisation du Marché Commun. Pour donner cette garantie, les négociateurs du Traité ont eu le sentiment qu'un certain nombre d'éléments constitutifs étaient indispensables. Le premier est la nécessité de couvrir tous les secteurs de l'économie, autrement dit, d'avoir un traité global qui permette de façon permanente entre les différents éléments de la vie économique les compensations ou les rééquilibres. Sinon ce sont les difficultés dans un secteur particulier qui pourront bloquer les progrès dans un autre secteur. En outre, il faut un engagement ferme des gouvernements de prendre les mesures nécessaires d'harmonisation en fonction d'objectifs généraux ; c'est là le deuxième élément fondamental du Traité. Toutefois, il est souvent difficile de fixer *a priori* les conditions de telles harmonisations ou coopérations. Ceci conduit alors au troisième élément fondamental : la nécessité d'institutions propres dotées d'un pouvoir effectif et qui donnent en quelque sorte la garantie que, quel que soit le sujet traité, un compromis sera trouvé et qu'une décision sera prise.

On retrouve ainsi le lien, mentionné dans l'introduction à propos des origines elles-mêmes du Marché Commun, entre l'aspect économique et l'aspect politique ; ces deux mouvements étant indissociables et complémentaires, même si le Traité, juridiquement, n'est qu'un traité économique. L'aspect politique est *au départ* : s'il n'y avait pas eu la volonté politique initiale, il n'y aurait pas eu de Marché Commun. Ensuite, l'aspect politique doit être présent de façon permanente en *cours d'exécution* : les mécanismes retenus, même les mécanismes strictement commerciaux, impliquent pour leur réalisation des engagements et des décisions économiques ; décisions économiques qui, elles-mêmes, par leur ampleur supposent une volonté politique constante. Enfin, les aspects politiques se retrouvent au *terme final* : dans la mesure où le Traité est une réussite sur le plan économique, où il aboutit à ses objectifs, c'est-à-dire à la constitution d'un marché uni et la transformation de plusieurs économies en une seule, il y aurait là la base la meilleure car la plus « naturelle » pour des progrès politiques supplémentaires.

Le Traité de Rome pourrait d'ailleurs être expliqué et présenté comme tendance à instituer une sorte de *processus cumulatif européen* entre les aspects commerciaux, économiques et politiques du Marché Commun, chaque pas dans un secteur à la fois exigeant et facilitant un pas dans un autre.

Mais ceci amène à rappeler que tout le Marché Commun repose sur un pari, c'est-à-dire sur une incertitude. Le Traité, né des échecs et des difficultés mentionnées en introduction, se fonde essentiellement sur la confiance dans les mécanismes prévus et le poids des choses qu'il entraîne pour qu'il y ait *une* fin politique ; en se gardant de préciser laquelle ni quand, ni comment, ni avec qui.

La sagesse du Traité était sans doute de repousser ces questions à plus tard quand la solidarité de fait serait assez forte, plus forte qu'elle ne l'est encore ; et d'envisager des progrès politiques comme corollaires des progrès de cette solidarité de fait : jamais comme des préalables. Mais il était peut-être inévitable que tant les crises que le succès du Marché Commun amènent à poser ces questions plus tôt que prévu, tant elles paraissent liées aux décisions à prendre pour la simple poursuite de l'intégration économique (ou même pour son maintien).

Si le Traité, faute d'un accord politique sur ses orientations à long terme, en reste à ses dispositions les plus commerciales (union douanière et organisation des marchés agricoles), il sera de plus en plus difficile de maintenir cette base elle-même. Face aux nouvelles critiques américaines, mais aussi de l'Europe de l'Est, contre ses aspects commerciaux, la tendance à réduire ceux-ci à une sorte de libre-échangisme atlantique ou mondial risque de se trouver accrue, notamment à l'occasion de l'élargissement. Le Traité de Rome aurait alors joué le rôle d'une relance intéressante mais limitée des efforts de libéralisme en Europe et ailleurs ; mais ses objectifs économiques et surtout politiques seraient tacitement abandonnés.

En revanche, la réalisation intégrale du Marché Commun n'est en rien incompatible avec un développement des échanges mondiaux et une contribution au libéralisme le plus vaste, au contraire ; mais ceci suppose notamment que le Marché Commun soit d'abord assez fort pour ne pas risquer de se diluer dans l'opération. Cette deuxième orientation implique donc que ce ne soient pas simplement les dispositions les plus automatiques du Traité de Rome qui reçoivent une application rapide et que les harmonisations ou coordinations ci-dessus mentionnées jouent à plein, et que plus particulièrement reprenne et se développe l'unification économique et monétaire qui avait été fixée comme nouvel objectif à la Conférence de La Haye.

Après trois élargissements de la Communauté, le moment est venu de reconnaître qu'elle n'est plus, qu'elle ne peut plus être ce qu'elle était en 1957, et que la solidarité qui doit en être le ciment a changé de nature. Entre les six Etats membres originaires, celle-ci résultait de l'interdépendance de leurs économies respectives dont on pensait, à juste titre comme l'ont montré les quinze premières années de fonctionnement du Marché Commun, qu'elles se développeraient harmonieusement et au même rythme. L'entrée du Royaume-Uni, nécessaire dans la mesure où elle a supprimé un facteur d'incertitude qui pesait sur l'avenir même de l'Europe, y a aussi introduit le germe d'une nouvelle approche, fondée sur l'idée selon laquelle le Marché Commun doit consister principalement dans un mécanisme de transfert de ressources des pays les plus riches vers les moins prospères. Depuis 1980, le gouvernement britannique réclame ainsi à ses partenaires la diminution du solde négatif net de sa contribution au budget communautaire, en faisant valoir qu'il n'est pas acceptable, pour un Etat membre dont la prospérité relative est inférieure à celle de la plupart des autres, de devoir verser à la caisse commune (en T.V.A.) beaucoup plus qu'il n'en reçoit. Un mécanisme a été arrêté par le Conseil européen de Fontainebleau de juin 1984 et confirmé par celui de Bruxelles de février 1988, qui prévoit le remboursement au Royaume des deux tiers de sa contribution, sous la forme d'une réduction de la T.V.A. due par ce pays (et d'une augmentation corrélative des versements effectués par les autres).

L'exigence britannique de « juste retour » est diamétralement opposée au principe fondamental de solidarité financière sur lequel avait été édifié le Marché Commun : c'est donc bien d'une autre Communauté qu'il s'agit. La tendance au transfert de ressources d'un pays à l'autre et au renforcement des Fonds structurels (F.E.O.G.A.-Orientation, Fonds social, F.E.D.E.R.) a naturellement été confortée par l'adhésion de la Grèce, de l'Espagne et du Portugal et par la perspective de réalisation à partir de 1993 du grand marché intérieur, dont les bénéfices doivent être assurés à l'ensemble des Etats membres et pas seulement aux plus riches d'entre eux. Dès lors, et pour que le Marché Commun résiste à ces forces centrifuges, pourquoi ne pas admettre que si tous ses membres marchent sur le même chemin, ils ne le font pas nécessairement du même pas ? En d'autres termes, un Etat membre ne devrait plus être automatiquement partie prenante dans toute action menée par la Communauté. Le Système monétaire européen, dont on a vu les effets plutôt positifs, fonctionne sans la livre sterling, la drachme grecque, la peseta espagnole et l'escudo portugais, s'agissant de son mécanisme de change ; les réalisations industrielles les plus spectaculaires — *Airbus* et *Ariane* — ont été acquises en dehors des mécanismes communautaires, par un effort de coopération auquel n'ont participé que les pays intéressés. Pourquoi ne pas essayer de réintégrer ce type d'actions dans le système du Traité, en l'ayant préalablement aménagé ? Il ne s'agit nullement de préconiser une « Europe à la carte », dont chacun ne prendrait que ce que bon lui semble et se tiendrait à l'écart du reste : le respect de l'acquis communautaire est une nécessité absolue. Une « Europe à deux vitesses » ne serait pas non plus adéquate, où les rôles seraient distribués une fois pour toutes et dont les membres appartiendraient définitivement soit à la Communauté de plein exercice, soit seulement à un conglomérat minimum de second rang.

C'est plutôt vers une *Europe à géométrie variable* qu'il faudrait s'orienter, au moins à titre temporaire, en ce sens que sa configuration pourrait évoluer en fonction de l'action à mener, les partenaires n'étant pas nécessairement les mêmes selon la nature du projet envisagé. Aucun Etat membre ne serait laissé à l'écart des autres puisqu'il aurait toujours la faculté de s'associer à une opération, mais sa réticence ou son absence d'intérêt à l'égard de celle-ci n'empêcherait pas ceux des autres Etats qui le souhaitent de la mettre en œuvre. Les statuts de l'O.E.C.E. avaient prévu, à la demande de la Suisse, que lorsqu'un membre de l'Organisation déclarait ne pas être intéressé par une question, son abstention ne faisait pas obstacle à la décision en cause, obligatoire pour les autres membres. De même, la Convention du

14 décembre 1960 autorise un membre de l'Organisation de coopération et de développement économiques (O.C.D.E.) à s'abstenir lors du vote sur une décision ou sur une recommandation, sans que cette attitude empêche l'acte de produire tous ses effets entre ceux qui l'ont accepté.

On pourrait imaginer pour la Communauté élargie une technique similaire, afin que le développement du Marché Commun puisse se poursuivre malgré les divergences d'intérêts inévitables au sein d'un ensemble de plus en plus hétérogène. L'Europe à géométrie variable n'est certes pas une panacée ni une fin en soi, mais simplement un moyen de surmonter des blocages de plus en plus nombreux, de plus en plus contraignants, et de nous conduire à déterminer le type de Communauté que nous souhaitons ; en permettant, suivant la formule de P.-H. Spaak qui avait présidé à la naissance du Marché Commun lui-même, à ceux qui le peuvent et le veulent « d'aller plus vite et plus loin ».

Pendant plus de quinze ans la Communauté européenne avait pu vivre sur l'idée que les mécanismes d'intégration mis en place sur le plan tarifaire puis sur le plan agricole suffiraient à assurer progressivement la réalisation de l'Europe unie, chaque jour gagné étant un succès en lui-même. Il semble désormais que, face aux difficultés qui se manifestent dans le domaine économique et monétaire et au défi des élargissements, ce pari initial soit arrivé largement au bout des possibilités qui étaient les siennes. Une relance de l'Europe, y compris sur le plan technique du Marché Commun, implique de nouveau un minimum de consensus politique entre les Etats intéressés sur ce que doit être la définition de l'Europe par rapport à nous-mêmes et par rapport au reste du Monde.

TABLE DES MATIÈRES

Imprimé en France
Imprimerie des Presses Universitaires de France
73, avenue Ronsard, 41100 Vendôme
Mars 1989 — N° 34 553